创新型大学生素质教育精品教材
互联网＋教育改革新理念教材

大学美育教程

- 主审 杜 伟
- 主编 李军义 魏晓颖 孙启明

上海交通大学出版社

内容提要

本书首先对美育和审美的概念做了清楚的阐释，准确揭示了美的本质内涵，然后具体介绍了各个领域的美，使读者对美的各种表现了然于心，从而提升读者的审美能力和人文素养。全书共分为七个单元，分别是"诗意的栖居：大学美育""心灵的熏陶：审美活动""曼妙的世界：自然美""极致的追求：生活美""心灵的旋律：艺术美""人生的境界：辞章美""智慧的火花：科技美"。

本书内容丰富，结构清晰，体例新颖，讲述生动，可作为各类院校学生进行美育学习的通用教材。

图书在版编目（CIP）数据

大学美育教程 / 李军义，魏晓颖，孙启明主编. --
上海：上海交通大学出版社，2023.6（2024.1重印）
　　ISBN 978-7-313-28489-1

Ⅰ. ①大… Ⅱ. ①李… ②魏… ③孙… Ⅲ. ①美育－
高等学校－教材 Ⅳ. ①G40-014

中国国家版本馆CIP数据核字（2023）第053508号

大学美育教程
DAXUE MEIYU JIAOCHENG

主　　编：李军义　魏晓颖　孙启明	
出版发行：上海交通大学出版社	地　　址：上海市番禺路951号
邮政编码：200030	电　　话：021-64071208
印　　制：三河市祥达印刷包装有限公司	经　　销：全国新华书店
开　　本：787 mm×1092 mm　1/16	印　　张：14.75
字　　数：263千字	
版　　次：2023年6月第1版	印　　次：2024年1月第2次印刷
书　　号：ISBN 978-7-313-28489-1	
定　　价：59.80元	

版权所有　侵权必究
告读者：如发现本书有印装质量问题请与发行部联系
联系电话：0316-3656589

本书编委会

主　审　杜　伟

主　编　李军义　魏晓颖　孙启明

副主编　李彩娟　郝瑛媛　党　柠　刘　玥

参　编　张　兴　王　琨　丛恩慧　卓　拉

前言

PREFACE

美是纯洁道德、丰富精神的重要源泉。学校美育工作是立德树人、培根铸魂的事业。2020年10月,中共中央办公厅、国务院办公厅印发《关于全面加强和改进新时代学校美育工作的意见》,旨在全面加强和改进新时代学校美育工作,切实提高学生的审美和人文素养。

《关于全面加强和改进新时代学校美育工作的意见》指出:"以立德树人为根本,以社会主义核心价值观为引领,以提高学生审美和人文素养为目标,弘扬中华美育精神,以美育人、以美化人、以美培元,把美育纳入各级各类学校人才培养全过程,贯穿学校教育各学段,培养德智体美劳全面发展的社会主义建设者和接班人""高等教育阶段将公共艺术课程与艺术实践纳入学校人才培养方案,实行学分制管理,学生修满公共艺术课程2个学分方能毕业"。

为贯彻落实新时代党对美育工作的新要求,让美育工作在高校落地、落实、落细,充分发挥美育独特的育人价值,我们编写了这本《大学美育教程》。本书在准确揭示美的本质内涵的基础上,以众多实物、实景图片为例,运用浅显易懂的语言,全面、系统地讲述了各种美的具体内容及其价值。通过对《大学美育教程》的学习,学生不仅能够培养基本的审美能力,还可以通过贴近生活实际的内容获得教益,产生积极的生活情趣和审美追求。

具体来说,本书具有以下特色。

① 立德树人,弘扬美育精神

党的二十大报告指出:"育人的根本在于立德。"本书有机融入党的二十大精神,扎根时代生活,遵循美育特点,弘扬中华美育精神,推动美育工作。本书在每个单元中均设有丰富的模块,将素质教育与教材内容相结合。通过学习本书,可以引导青少年寻找人生意义,提高青少年的审美和人文素养,促进祖国青年一代身心健康

目录

CONTENTS

第一单元 诗意的栖居：大学美育

第一讲 什么是美 ……………… 2
美的印象 ……………………… 2
美的视窗 ……………………… 3
 一、美的本质 ………………… 3
 二、美的特征 ………………… 4
美的欣赏 ……………………… 6
美的体验 ……………………… 8

第二讲 美的表现形式及分类 ……………… 9
美的印象 ……………………… 9
美的视窗 ……………………… 9
 一、美的表现形式 …………… 9
 二、美的分类 ……………… 12
美的欣赏 …………………… 13
美的体验 …………………… 16

第三讲 美育及其作用 ……… 17
美的印象 …………………… 17
美的视窗 …………………… 17
 一、美育对学生发展的作用 …… 18
 二、美育对学校发展的作用 …… 18
美的欣赏 …………………… 19
美的体验 …………………… 21

同步实训 …………………… 21
成果检测 …………………… 25

第二单元 心灵的熏陶：审美活动

第一讲 直觉反应 …………… 28
美的印象 …………………… 28
美的视窗 …………………… 28
 一、自然审美 ……………… 28
 二、艺术审美 ……………… 29
 三、生活审美 ……………… 29
美的欣赏 …………………… 30
美的体验 …………………… 33

第二讲 情感体验 …………… 34
美的印象 …………………… 34
美的视窗 …………………… 34
 一、自然观照 ……………… 34
 二、艺术欣赏 ……………… 35
美的欣赏 …………………… 36
美的体验 …………………… 38

第三讲 精神感受 …………… 39
美的印象 …………………… 39
美的视窗 …………………… 40
 一、大自然的精神启示 ……… 40

二、艺术作品中的精神传达…… 41
　　美的欣赏…………………………… 42
　　美的体验…………………………… 44

第四讲　思想分析……………… 45
　　美的印象…………………………… 45
　　美的视窗…………………………… 45
　　　一、人的行为…………………… 46
　　　二、社会现象…………………… 46
　　　三、类文化事物………………… 47
　　美的欣赏…………………………… 47
　　美的体验…………………………… 49

同步实训………………………………… 49

成果检测………………………………… 52

第三单元　曼妙的世界：自然美

第一讲　事物之美……………… 56
　　美的印象…………………………… 56
　　美的视窗…………………………… 56
　　　一、天地日月…………………… 57
　　　二、山水树石…………………… 57
　　　三、鸟兽鱼虫…………………… 59
　　　四、花草果蔬…………………… 60
　　美的欣赏…………………………… 61
　　美的体验…………………………… 61

第二讲　景象之美……………… 62
　　美的印象…………………………… 62
　　美的视窗…………………………… 63
　　　一、美感景象…………………… 63
　　　二、精神景象…………………… 63
　　　三、情感景象…………………… 64
　　美的欣赏…………………………… 64
　　美的体验…………………………… 65

第三讲　情境之美……………… 66
　　美的印象…………………………… 66
　　美的视窗…………………………… 66
　　　一、视觉情境…………………… 67
　　　二、听觉情境…………………… 67
　　　三、触觉情境…………………… 68
　　　四、心理情境…………………… 68
　　美的欣赏…………………………… 69
　　美的体验…………………………… 70

同步实训………………………………… 70

成果检测………………………………… 73

第四单元　极致的追求：生活美

第一讲　服饰之美……………… 76
　　美的印象…………………………… 76
　　美的视窗…………………………… 76
　　　一、中国古代服饰……………… 76
　　　二、美丽的民族服饰…………… 80
　　美的欣赏…………………………… 83
　　美的体验…………………………… 84

美的视窗	100
一、音乐艺术的美	100
二、音乐的分类	101
三、音乐欣赏的方法	103
美的欣赏	104
美的体验	106

第二讲　舞蹈之美 106

美的印象	106
美的视窗	106
一、舞蹈艺术的美	106
二、舞蹈的分类	108
三、舞蹈欣赏的方法	110
美的欣赏	110
美的体验	111

第二讲　饮食之美 84

美的印象	84
美的视窗	85
一、茶道	85
二、酒德	87
三、美食	88
美的欣赏	89
美的体验	90

第三讲　绘画之美 112

美的印象	112
美的视窗	112
一、绘画艺术的美	112
二、绘画的分类	114
三、绘画欣赏的方法	115
美的欣赏	116
美的体验	117

第三讲　劳动之美 91

美的印象	91
美的视窗	91
一、劳模精神	92
二、工匠精神	92
美的欣赏	92
美的体验	93

同步实训 94

成果检测 97

第四讲　雕塑之美 118

美的印象	118
美的视窗	118
一、雕塑艺术的美	118
二、雕塑艺术的历史	119
三、雕塑的分类	120
四、雕塑欣赏的方法	121
美的欣赏	122
美的体验	124

第五单元　心灵的旋律：艺术美

第一讲　音乐之美 100

美的印象 100

第五讲　建筑之美 …………124
美的印象 ………………………124
美的视窗 ………………………125
　一、建筑艺术的美 ……………125
　二、建筑的分类 ………………126
　三、建筑欣赏的方法 …………126
美的欣赏 ………………………126
美的体验 ………………………129

第六讲　戏剧之美 …………129
美的印象 ………………………129
美的视窗 ………………………130
　一、戏剧艺术的美 ……………130
　二、戏剧作品的分类 …………131
　三、中国戏曲艺术的特点 ……132
美的欣赏 ………………………133
美的体验 ………………………134

第七讲　影视之美 …………134
美的印象 ………………………134
美的视窗 ………………………135
　一、影视艺术的美 ……………135
　二、影视作品的分类 …………135
美的欣赏 ………………………137
美的体验 ………………………138

第八讲　书法之美 …………139
美的印象 ………………………139
美的视窗 ………………………140
　一、书法艺术的美 ……………140
　二、书法的分类 ………………142
美的欣赏 ………………………145
美的体验 ………………………148

同步实训 ……………………148
成果检测 ……………………152

第六单元　人生的境界：辞章美

第一讲　诗经之美 …………155
美的印象 ………………………155
美的视窗 ………………………156
美的欣赏 ………………………157
美的体验 ………………………160

第二讲　唐诗之美 …………161
美的印象 ………………………161
美的视窗 ………………………162
　一、唐诗的形式 ………………162
　二、唐诗的分期 ………………162
　三、唐诗的派别 ………………163
　四、诗人的称号 ………………163
美的欣赏 ………………………164
美的体验 ………………………167

第三讲　宋词之美 …………167
美的印象 ………………………167
美的视窗 ………………………167
　一、宋词的特点 ………………167
　二、词牌的来源 ………………168
　三、宋词的派别 ………………168
美的欣赏 ………………………169

美的体验 ·················· 172

第四讲　元曲之美 ·············· 172
　　美的印象 ·················· 172
　　美的视窗 ·················· 173
　　美的欣赏 ·················· 174
　　美的体验 ·················· 176

同步实训 ···················· 176

成果检测 ···················· 179

第七单元　智慧的火花：科技美

第一讲　科学之美 ·············· 183
　　美的印象 ·················· 183
　　美的视窗 ·················· 183
　　　一、天文历法 ·············· 184
　　　二、数学成就 ·············· 189
　　　三、中医养生 ·············· 190

　　　四、数字交通 ·············· 195
　　美的欣赏 ·················· 197
　　美的体验 ·················· 198

第二讲　技术之美 ·············· 199
　　美的印象 ·················· 199
　　美的视窗 ·················· 200
　　　一、牛耕技术 ·············· 200
　　　二、陶器轮制技术 ············ 201
　　　三、活字印刷技术 ············ 203
　　　四、航海技术 ·············· 203
　　美的欣赏 ·················· 206
　　美的体验 ·················· 206

第三讲　效能之美 ·············· 207
　　美的印象 ·················· 207
　　美的视窗 ·················· 207
　　　一、提花机 ··············· 208
　　　二、大运河 ··············· 208
　　　三、都江堰 ··············· 209
　　　四、物流仓储 ·············· 211
　　美的欣赏 ·················· 214
　　美的体验 ·················· 215

同步实训 ···················· 215

成果检测 ···················· 219

参考文献 ···················· 221

第一单元

诗意的栖居：大学美育

单元导读

美育是素质教育中不可或缺的组成部分。美育不仅能够启迪我们的心灵，提升我们的审美素养，还能让我们遨游在美的海洋中，聆听那幽远缥缈的天籁之音，品味那如梦如幻的舞台人生，观赏那笔简意繁的山水之作……从而使我们领悟人生的真谛，点亮人生的明灯。

学习目标

知识目标	了解美的本质和特征 了解美的表现形式及分类 掌握美育的概念及作用
能力目标	能够用审美的眼光观察生活，从生活中寻找美、赏析美
素质目标	陶冶道德情操，塑造美好心灵 树立正确的审美观，提升艺术审美能力，增强文化自信和民族自信

第一讲　什么是美

美的印象

饮　酒

（晋）陶渊明

结庐在人境，而无车马喧。
问君何能尔，心远地自偏。
采菊东篱下，悠然见南山。
山气日夕佳，飞鸟相与还。
此中有真意，欲辨已忘言。

　　这首诗叙述了陶渊明的隐居生活。诗人在劳动之余，饮酒之后，在晚霞的辉映之下，采菊东篱，遥望南山，人景融为一体，构成了一道美好的风景。全诗清新自然，表现出诗人与世无争、怡然自得的精神境界。

　　因为诗人具有超凡脱俗的品性和对人生的深刻理解，所以在他看来，大自然中寻常的景色也散发出无争、平淡、恬静的韵味，这种韵味也让读者在诗中找到了心灵的栖居地，得到了精神上的极大满足。

　　反观现代社会，又有多少人能有如此心境？现在的生活比以往任何时候都舒适，但似乎现在的人们却比以往任何时候都更难维持平和的心境。假如心已被物欲的喧嚣所填满，又何谈拥有平和的心境呢？

　　著名美学家朱光潜在《谈美》中告诉我们，凡是美都要经过心灵的创造。生活原本就是充满诗意的，诗意的生活可以带给我们精神的享受，更会让我们拥有一双发现美的眼睛、一颗感受美的心灵和一种创造美的智慧。生活中到处都有美的存在，让诗意的心灵带领我们走进"美"的殿堂，在美的熏陶中创造更加绚烂的人生吧！

美的视窗

一、美的本质

美是指能够引起人们美感的客观事物的一种共同的本质属性。客观事物是人们产生美感的基础。人们不自觉地被客观事物唤起美感,从而获得美的享受和精神上的感染。例如,当人们看到寒冬傲立于枝头的梅花时,便会想到坚韧不屈的高尚品格,如图1-1所示;当人们看到苍翠挺拔的竹子时,便会产生奋发向上的进取之心,如图1-2所示。

美是什么?

图1-1 寒冬傲立于枝头的梅花

图1-2 苍翠挺拔的竹子

积极性是人们区分美与丑的根本标准。如果某件事物能够使人的情感和精神发生积极向上的变化,就可以说它是美的,如和谐流畅的琴声、悦耳的鸟鸣、欢快爽朗的笑声。反之,如果某件事物使人的情感和精神发生消极甚至痛苦、悲观的变化,就可以说它是丑的,如刺耳的刹车声、虚伪的谎言、荒唐的迷信思想。

现实生活中,美时时都有,处处都有。我们可以徜徉其中,去观察,去聆听,去发现……当然,美在艺术领域中更为精彩。艺术家通过音乐、舞蹈、绘画、雕塑、建筑、文学、戏剧、影视、工艺、书法等艺术形式把人的情感和精神境界展示出来,构成了五光十色、万紫千红的"美的长廊",如图1-3至图1-5所示。

但要注意的是,艺术是对美进行反映的一种文化样式,并不是所有美的事物都是艺术。艺术来源于生活,但又高于生活,只有将自然美和生活美进行再创造才能构成艺术,没有经过加工和再创造的自然美和生活美都不能称为艺术。

图1-3 《花果蜜蜂》（齐白石）

图1-4 舞蹈《雀之灵》　　　　　图1-5 草间弥生装置艺术作品

二、美的特征

美的特征包括形象性、感染性、认同性、时空性和创造性。

1. 形象性

美的事物是可感知的，它以具体的感性形象作用于欣赏者的感官，使欣赏者获得一种直接的美的享受。无论是华山之"险"（见图1-6），泰山之"雄"，还是莫高窟佛像中斑斓的色彩，抑或米开朗琪罗笔下大幅壁画震撼、悲壮的气势，都是通过鲜明生动的感性形象呈现出来的。即使是人的心灵美，表面上好像看不见、摸不着，但它实际上仍然离不开感性的形态，

图1-6 险峻的华山

需要通过人们的社会实践、言谈举止才能体现。

2. 感染性

美的感染性是指美能够以情感人，使人们得到精神上的愉悦和升华。形美以感目，音美以感耳，意美以感心。无论是登上泰山观赏壮丽奇观，还是倾听贝多芬的《第九交响曲》，都会使人陶醉。这是因为，无论是自然形象还是音乐形象，它们的美都具有巨大的感染力。美的事物无处不在，人们随时随地可以受到美的影响，从而唤起热情，激发理想和信念。

> **大师巨匠**
>
> 贝多芬（见图1-7）的《第九交响曲》倾尽了他数十年的心血，是其音乐生涯中的登峰造极之作。该作品于1824年5月7日在维也纳首演，获得了巨大的成功。贝多芬通过该作品表达了人类寻求自由的斗争意志，并坚信这场斗争最后一定会以人类的胜利而告终，人类必将获得欢乐和团结友爱。作品中的合唱部分以德国著名诗人席勒的《欢乐颂》为歌词谱曲而成，伴随着激情澎湃的唱词和急速雄壮的旋律，唱出了人们对自由、平等的热切盼望，堪称整部作品的精髓。
>
> 图1-7　贝多芬

3. 认同性

虽然不同社会形态、不同文化背景下的人们对美的具体评价标准有所不同，但美还是具有普遍的社会文化认同性的。例如，崇尚自然是中国人自古以来普遍的审美趣味，因此在中国园林艺术上，人们不断追求自然美与人工美的高度统一，偏好山水与建筑融为一体的园林风格，如图1-8所示。又如，在日常生活中，品德高尚、助人为乐的人常常被世人赞美，而自私冷漠和伤害他人的人，必将为人们所厌恶。

4. 时空性

任何美的事物都存在于一定的时空中，因此美具有时空性。美的时空性体现在时间和空间两个方面。例如，百花争艳的景象出现在春天，硕果累累的景象出现在秋天；想要领略茫茫的草原最好去北方（见图1-9），想要体验烟雨蒙蒙最好去江南。另外，美有时只出现在特定的时空中。例如，歌声是优美的，但在图书馆等需要保持安静的场所唱歌，歌声就变成了噪声。

图1-8　苏州园林

图1-9　鄂尔多斯草原

5．创造性

随着社会的进步，人们对美的要求不断提高，美在人们的生活中不断被创新、优化和完善。美的创造性是人们不断实践的结果，人们会按照自己的意愿和美的规律重新创造自然美、生活美和艺术美。例如，人们在与自然互动的过程中发现了自然美，这种发现本身就包含着创造，而普通的山水风景经过人们的艺术加工成为风景名胜区，这更是对自然美的再创造；生活中的物品、服饰是人们在劳动中创造的美，这些美同时也在历史发展中千变万化、推陈出新；艺术美的创造性则更加明显，艺术作品要在内容和形式上不断突破，以带给人们全新的美的享受。

美的欣赏

一、表演之美

表演艺术是通过人的演唱、演奏或动作、表情来塑造形象，传达情绪、情感，进而表现生活的艺术。表演艺术主要包括音乐、舞蹈、戏剧、歌剧、杂技、魔术等。

在表演艺术中，音乐和舞蹈因为有着强大的艺术感染力而被人们喜爱。例如，舞蹈《朱鹮》（见图1-10）中，伴随着悠扬的音乐，演员们舞姿婀娜，神态优雅，将朱鹮的纯美、洁净、典雅和高贵刻画得惟妙惟肖，呈现出诗画般的意境，赢得了观众的赞叹。

图1-10 舞蹈《朱鹮》

二、造型之美

造型艺术是指艺术家运用一定的物质材料（如颜料、纸张、泥石、木料等），塑造静态的视觉形象的艺术，主要包括绘画、雕塑、书法、摄影、建筑、工艺美术等。造型艺术往往会受到艺术家主观思想的影响，反映出社会生活和艺术家内在的思想情感。

例如，北宋画家张择端的《清明上河图》，画卷共5米多长，绘制了数量庞大、各具特色的人物，牛、骡、驴等牲畜，以及车、轿、大小船只、房屋、桥梁、城楼等，体现了宋代的城市风貌和画家对社会生活的洞察力，如图1-11所示。"五星出东方利中国"锦护臂是汉代织锦的代表作品，其纹样别致，精心布局后的祥云、瑞兽和文字作为一个整体重复排列，表达了祈佑祥瑞的寓意，如图1-12所示。

图1-11 《清明上河图》局部（张择端） 　　图1-12 "五星出东方利中国"锦护臂

三、语言之美

语言艺术是以语言为媒介来塑造形象、表达情感的艺术。语言是抽象的文字符号，因此需要读者对语言符号进行理解，并运用丰富的想象力来欣赏语言艺术之美。

例如，文学作品中，一般通过适当的文字组合搭配和比喻、借代、比拟等修辞手法来营造艺术美感。

例如，沈从文在《边城》中写道："翠翠在风日里长养着，故把皮肤变得黑黑的，触目为青山绿水，故眸子清明如水晶。自然既长养她且教育她，为人天真活泼，处处俨然如一只小兽物。"文中通过将翠翠比喻为"小兽物"，勾勒出天真活泼、心地单纯的人物形象，并从她身上折射出湘西淳朴的人性美和自然美。

美的 体验

一、课下阅读

在朱光潜的《谈美》、宗白华的《艺境》中任选一本阅读，感受美学的"诗意"精神。

二、课下写作

当代学者林庚说："诗的本质就是发现。诗人要永远像婴儿一样，睁大了好奇的眼睛，去看周围的世界，去发现世界的新的美。"

川端康成说："凌晨四点钟，看到海棠花未眠。"

梭罗在《瓦尔登湖》里提出一个概念是"黎明的感觉"，即每天睁开眼睛看到黎明，就像获得新生。

请根据材料，从"诗意地活着""善于发现美""热爱大自然"等角度写一篇不少于800字的作文。

提示：要写好这篇材料作文，首先要细读、品味所给的材料。写作时要紧扣材料要点。材料的三段话有一个共同点，就是告诉我们要有一颗敏感、细腻的心，要保持天真和好奇，努力发现世界的美，发现生活中的诗意和美好。林庚先生的话重在"发现"世界的新的美；川端康成先生在凌晨四点人们都熟睡的时候，看到海棠花依然开着，爱怜地形容为"花未眠"；梭罗提出在平凡的生活中要有"黎明的感觉"，对新事物满怀期待。

第二讲　美的表现形式及分类

美的 印象

提起敦煌，人们自然而然地就会想到那些石窟壁画中的飞天形象，如图1-13所示。壁画中的飞天因其眉清目秀、体态俏丽、飘逸飞舞、灵动优美的浪漫形象而深受世人喜爱。飞天是中华文化的艺术瑰宝和重要的民族符号，展现了中国人对美的不懈追求。

图1-13　敦煌莫高窟飞天壁画（摹本）

历史是一部美的百科全书。历史长河淹没了岁月，但留下了无数美的事物，有灵动优雅的艺术之美，有充满智慧的科技之美，有诗情画意的自然之美……这些数量浩繁的美向人们展示了广阔的社会历史图景，给人以美的感受，让人为之震撼。

美的 视窗

一、美的表现形式

生活中，美无处不在，无时不在，但是感受美的方式和途径是不同的，人们可以看到美，听到美，触摸到美，品尝到美，以及体会到美。美是事物的属性，不同的事物有着不同的美的表现形式。总体来看，美的表现形式主要有以下几种。

美的表现形式

1. 视觉形象

视觉形象是事物存在的一种基本形态，也是美的主要表现形式之一。可视性、直观性是视觉形象最显著的特点。无论是自然美、生活美，还是艺术美、科技美，都可以用直观的视觉形象来表现。例如，作品击鼓说唱俑（见图1-14）通过生动传神的面部表情和憨态可掬的动作造型，为人们展现了东汉时期的民间气息和地方风情。

图1-14　东汉击鼓说唱俑

2. 真实情境

真实情境是自然美和生活美的一种表现形式，是现实生活中真实存在的场景。例如，自然界中雄伟的山、和煦的晨光（见图1-15）、清澈的溪水让人感到豁然开朗、轻松愉悦；日常生活中的热闹场景、欢乐氛围（见图1-16）让人感到幸福、快乐。

图1-15　和煦的晨光　　　　图1-16　傣族泼水节的欢乐氛围

3. 文化意象

文化意象是人的一种情感符号，是人们思想美和精神美的主要表现形式。人们以客观事物为依托，通过想象和联想，赋予客观事物一定的思想和精神内涵，使其成为一个个文化意象，以此来表达自身的情感。例如，"圆"是中华文化中的一个重要精神符号，它寄托着古人对圆满、团圆的美好期望。在设计中，我们经常会看到一些中式圆的运用，这些圆使作品展现出含蓄、古典的中式风情，如图1-17所示。

图1-17 古典园林中的圆拱门

4. 感官知觉

感官知觉是人们通过品尝、触摸、聆听等亲身体验获得的，它是香甜之美、舒适之美、快意之美的主要表现形式。例如，品尝水果（见图1-18）时感受到甜美，春风拂面时感受到凉爽，触摸棉被时感受到柔软和温暖，等等。

图1-18 各种各样的水果

5. 心理感受

心理感受是情感美的表现形式。心理感受既可以从日常生活中获得，也可以从文学和艺术作品中获得。例如，当朋友在我们遇到困难的时候伸出援助之手，我们会被这种雪中送炭的友情所感动；阅读朱自清的散文《背影》时，我们会被字里行间浓浓的父爱所感动。这些情感美都是以心理感受的形式存在的。

二、美的分类

按照美依附的客观事物的性质，可以将其分为自然美、生活美、艺术美、文字美、辞章美和科技美六大类。

1. 自然美

自然美就是自然界中自然生成的事物的美，它是客观事物本身具有的自然属性，是脱离人而独立存在的。自然美是一切美的基础，其他美都是在自然美的基础上来创造的。大千世界中，自然美的事物形式多样，千姿百态。日月星辰、山川草木、花鸟（见图1-19）虫鱼、江河湖泊、云霞雷电等事物的美，都属于自然美的范畴。

美的类型

2. 生活美

生活美是指人们为了满足生活需要，通过劳动创造的一切物质所表现出来的美。生活美渗透在人们衣食住行的各个方面，并呈现出多姿多彩的特点。现代社会中，人们的生活质量不断提高，对美的追求也日益鲜明。例如，人们在服饰上追求精致考究的面料和新颖的款式（见图1-20），在居住空间上追求个性化的装饰，在饮食上追求绿色、健康、营养的食物搭配，等等。

图1-19 大自然中的鸟语花香

图1-20 精美的服饰

3. 艺术美

艺术美是艺术家以自然和生活为基础，通过对自然美和生活美的提炼和加工，呈现于艺术作品中的美。艺术美综合了艺术家的个人观点、时代精神以及对自然和生活的感悟，因此它比自然美具有更强的思想和情感引导力，比生活美更加集中和典型，更能鼓舞人的精神。音乐美、舞蹈美、绘画美、雕塑美、建筑美、戏剧美、影视美等都属于艺术美。

4. 文字美

文字是记录人的语言和思想感情的符号。文字之美主要表现在两个方面。一是文字形体的图画美，如汉字的对称结构美，创作者将笔画合理组合，形成中规方正、均衡对称的文字，巧妙运用笔画可以描述万物之形，表达多种感情；再如汉字的书法美，行书、草书（见图1-21）、楷书……一笔一画间，变化无常，让人无限感慨。二是文字表意的内涵美。汉字抽象于万物，却又不失形象。它就像一幅画，生动地表现了文字的内涵。

图1-21 《书谱》局部（孙过庭）

5. 辞章美

辞章美主要指文学作品呈现出的美，不仅包括文学作品中的思想美、形象美和意境美等，还包括语言本身的韵律美、词义美、修辞美和语法美等。优美的文学作品能让人们的心灵获得宁静，找到归宿。

6. 科技美

科技美是指在自然科学（如数学、物理、化学、生物学等）中广泛存在的科技产品及技术所呈现出来的美。人们在理解了科学真理之后，会感到心满意足、精神愉悦，还会产生成就感和自豪感。因此，感受科技美要求人们对科学知识有一定的理解能力。

美的欣赏

一、荷花之美

荷花（见图1-22）是人们常常咏颂的自然事物，荷花的美牵动了古今无数文人墨

客的心。宋代周敦颐在著名的《爱莲说》中热情洋溢地歌颂它："出淤泥而不染，濯清涟而不妖，中通外直，不蔓不枝，香远益清，亭亭净植，可远观而不可亵玩焉。"朱自清在《荷塘月色》中写道："曲曲折折的荷塘上面，弥望的是田田的叶子。叶子出水很高，像亭亭的舞女的裙。层层的叶子中间，零星地点缀着些白花，有袅娜地开着的，有羞涩地打着朵儿的；正如一粒粒的明珠，又如碧天里的星星，又如刚出浴的美人。"人们爱荷花，爱它的高风亮节、婀娜多姿，如图1-23所示。

除了形态和品质，荷花的美还在于它的清香。夏日里，丝丝微风吹过荷塘，荷塘里到处都飘着荷花的清香。人们常说"荷香幽幽"，荷花的香不像昙花那样浓烈，也不像桂花那样香甜，而是一种淡雅的清香，沁人心脾。

图1-22　荷花　　　　　　　　　　　　图1-23　荷塘月色

二、水墨之美

中国的水墨画以墨为本色，由柔软而富有弹性的毛笔蘸取不同浓度的墨汁在宣纸或绢帛上作画而成。其讲究笔墨神韵，墨中的加水量不同，画出的浓淡层次也不同。

例如，国画大师齐白石画虾时先用淡墨掷笔，绘成虾的躯体，再浸润些许颜色，然后以浓墨竖点睛，横写为脑，落墨成金，笔笔传神。躯壳的透明和虾的重量被这由浅到深的墨色表现了出来。而虾的腰部，一笔一节，连续数笔，形成了由粗渐细的虾腰节奏。虾的尾部也是寥寥几笔，既表现出弹力，又有透明感。虾的一对前爪，由细而粗，形似钳子，有开有合。虾的触须用数条淡墨线画出。长须布置得当，其线条似柔实刚，似断实连，直中有曲，乱中有序，如图1-24所示。

整体来看，群虾神态各异，似在水中嬉戏游动，触须也似随虾身晃动。整幅画充分表现了齐白石用墨功夫之精妙。欣赏者在亲近自然、爱护自然、理解自然的内心感悟中与画家有了共鸣，亦能感到一种积极向上的生活乐趣。

图1-24　《虾》局部（齐白石）

三、音韵之美

诗歌中蕴含的不仅仅是文化的精髓，同样也是音乐的灵魂。一句句脍炙人口的词，一首首婉转悠扬的曲，呈现给人们和谐整齐的感官审美效果。

例如，苏轼的《水调歌头·明月几时有》：

明月几时有？把酒问青天。不知天上宫阙，今夕是何年。我欲乘风归去，又恐琼楼玉宇，高处不胜寒。起舞弄清影，何似在人间。

转朱阁，低绮户，照无眠。不应有恨，何事长向别时圆？人有悲欢离合，月有阴晴圆缺，此事古难全。但愿人长久，千里共婵娟。

这首词的节奏舒缓而和谐，轻松而缓慢，抒发了作者深沉婉转的感情，反映出他因政治上不如意而与亲人多年不能团聚而产生的愁绪。

郭沫若的《凤凰涅槃》表达的则是高昂、舒畅、欢快的感情：

……
我们新鲜，我们净朗，
我们华美，我们芬芳，
一切的一，芬芳。
一的一切，芬芳。
芬芳便是你，芬芳便是我。
芬芳便是他，芬芳便是火。
火便是你。
火便是我。

火便是他。
火便是火。
翱翔！翱翔！
欢唱！欢唱！

我们热诚，我们挚爱。
我们欢乐，我们和谐。
一切的一，和谐。
一的一切，和谐。
和谐便是你，和谐便是我。
和谐便是他，和谐便是火。
火便是你。
火便是我。
火便是他。
火便是火。
翱翔！翱翔！
欢唱！欢唱！
……

全诗用"芳""翔""唱"这些押韵词烘托出响亮、激昂的情调。诗人把祖国比喻成凤凰，借助对凤凰传说的新阐述，宣告和谐、欢乐的新时代已经到来。

美的体验

一、课下活动

班级组织一次周末郊游，可以去附近的公园，也可以去周围的旅游景点。要求每个人拍摄一组以"自然美"或"生活美"为主题的摄影作品，用手机、相机拍摄均可，然后在班级内评选出优秀作品。

二、阅读与朗诵

朱自清的散文以抒情而闻名，请同学们阅读他的散文集《背影》《你我》，从中选出最喜欢的一篇在课堂上朗诵，并分享自己喜欢它的原因。

第三讲　美育及其作用

美的 印象

美，不仅包括外在形式上的美，还包括内在的心灵美。不可否认，一个人的外在美可以吸引大多数人的目光，给人留下良好的第一印象，但是，真正能让人长久记在心里的，还是一个人的心灵美。

心灵美不是可以随意表现出来的，真正的心灵美源于一颗善良、有爱的心。当你敞开心扉去感受心灵之美时，便会发现生活的美好。例如，父母无私的爱如一盏明亮的灯，为我们照亮前方的路，如图1-25所示；陌生人无私的帮助，如春风拂面，为我们的世界带来温暖，如图1-26所示；老师的批评如同一把修枝剪叶的剪刀，为我们剪去旁枝败叶，让我们更茁壮地成长。

图1-25　父子情　　　　图1-26　志愿者带领孩子过马路

美的 视窗

美育是引导学生感受美、欣赏美，进而创造美的审美教育活动。它借助大自然、社会生活及艺术作品等不同类型的美对人产生积极的影响，从而帮助人们实现人格的塑造。

美育的形式生动活泼，过程轻松愉快，使人乐于接受，对学生和学校的发展都有着重要作用。

一、美育对学生发展的作用

美育对学生发展的作用主要包括以下几个方面。

1. 树立正确的审美观

与幼儿、中小学美育相比,大学美育中的"美"不仅是展现一些具体的、多彩的可感形象,还应培养学生与社会核心价值观相适应的审美观,以便学生在追求真善美的和谐统一中理解人生的真谛。

2. 培养感知能力

美育主要以感觉和知觉的体验为基础。感知觉是人的认识发展的前提,因此,美育对于培养学生的感知能力、促进其智力发展有着不可替代的作用。

3. 提升创造力

创新意识和创造力是新时代人才需要具备的重要素质,美育活动是以美好的事物形象或情境为基础展开的,可以引发学生丰富的联想,激发学生潜在的创造能力。

4. 陶冶情操

美育有利于学生情感的宣泄,能唤起学生的生活热情,促进学生身心健康发展;同时,美育又能通过为学生提供美感体验而改变其心境,从而陶冶其情操,升华其情感境界。

5. 提升文化修养

美育中的欣赏课程可以开拓学生的文化视野,让学生了解人类的文化发展历程和丰富的文化遗产,了解艺术与生产、生活的内在关系,从而提升自身的文化修养。

二、美育对学校发展的作用

美育对学校发展的作用主要包括以下几个方面。

1. 有利于学校管理

美育对学生有某种自我约束功能,能使学生按照美的规律与要求规范自己的言行,养成良好的学习和生活习惯。因此,美育课开得好,学生的自我完善意识和进取心都会大大增强,违纪现象将会大大减少,从而有利于学校的管理。

2. 营造积极健康的校园文化氛围

美育不仅能带给校园文化形式上的美感,更重要的是,它还能赋予校园文化积极健康的精神内涵。美育注重对他人的尊重和关怀,推崇和谐、民主、创新和超越。学生关心集体,关心他人,教师爱岗敬业,这样就会形成文明、和谐、活跃的校园文化。

3. 提高人才的培养质量

学校的根本任务是将学生培养成具有创造力的人才。美育在培养学生创造力方面具有明显的优势，因而可以提高学校的人才培养质量。

美的欣赏

一、瞬间之美

美丽的事物不一定长久，有时只是短暂的一瞬间，稍纵即逝。瞬间之美不在于一个完整的过程，而在于一个具有震撼力的特写镜头，或是一个细节描写。

例如，一阵暴风骤雨过后，空中的彩虹是美的；湍急的河流之上，电信员工冒着危险紧张抢修的感人瞬间是美的，如图1-27所示；大雪纷飞中，交警执勤时冒着严寒帮助民众推车的温暖瞬间是美的，如图1-28所示；危急时刻，白衣天使们争分夺秒尽职尽责抢救患者的瞬间是美的。我们的身边充满了美好的瞬间，只要用心感受，就能深深地体会到世间的爱与温暖。

图1-27　电信员工为百姓真情服务　　　图1-28　雪中交警帮忙推车

二、收获之美

俗话说："一分耕耘，一分收获。"当人们付出心血和汗水时，总会获得回报。例如，凌晨时分，环卫工人挥动着扫帚，把原本脏乱的大街打扫得干干净净，整洁的街道、清新的空气、行人的笑容是环卫工人的收获，如图1-29所示；春天的田野里，农民们辛苦播种，精心培育，秋天庄稼熟了，田间无垠的金浪、沁人肺腑的稻菽香是农民们的收获，如图1-30所示；学习过程中，我们在知识的海洋里徜徉，不断积累，渊博的知识、开阔的视野、崇高的修养是我们的收获。

生活是一方沃土，人们播下什么，就会收获什么：播下一颗种子，收获一颗果

实；播下一个行动，收获一种结果；播下一种习惯，收获一种性格；播下一种心态，收获一种命运。收获带给我们一种特有的喜悦，让我们感受到生命的丰富多彩。

图1-29　环卫工人清扫过后的整洁街道　　图1-30　农民收获时的喜悦

三、运动之美

体育运动是在人类发展过程中逐步开展起来的、有意识地培养自己身体素质的各种活动。体育运动不仅能够强身健体，还能向人们展示绚丽多姿的运动美，愉悦人们的身心。

运动之美是畅快之美，终点线前的冲刺、横竿上的飞跃、球场上的欢呼（见图1-31），足以令人激情澎湃；运动之美也是力量之美，运动健儿们雕塑般的身躯、清晰的肌肉线条、优美的运动造型（见图1-32），在赛场上形成一种力量与动态的平衡之美。

图1-31　球场上的欢呼

图1-32　运动健儿的优美造型

美的 体验

一、课下活动

班级人员分为两组,分别收集"自然瞬间美"和"生活瞬间美"的摄影作品(也可自行拍摄),并以"感动瞬间"为主题开展宣传教育活动。活动形式不限,可以布置一个摄影展,也可以将摄影作品做成PPT后组织一场讲座,等等。各组制订宣传方案并组织实施。

二、课下写作

请同学们为熟悉的艺术作品(如王羲之的《兰亭序》、电影《肖申克的救赎》、舞蹈《雀之灵》等)写一篇100字左右的文字介绍,要求包含作品的艺术风格和自己的审美体验等。

同步实训

跟随镜头,发现身边的美

实训导入

2022年4月29日,央视新闻推出的系列节目《大国工匠》第九季正式开播。跟随镜头,我们与匠人一起探秘神舟飞船的总装细节、走进"高大上"的核电站、观看中欧班列的生产过程、聆听北京冬奥会背后的故事……工匠们默默坚守,孜孜以求,在平凡的岗位上数十年如一日地追求着职业技能的极致化,缔造了一个又一个"中国奇迹",如图1-33、图1-34所示。

图1-33　中欧班列　　　　图1-34　北京冬奥会场馆

中国古代科技巨著《考工记》中曾提到："百工之事，皆圣人之作也。"工匠，是生活美学世界的创造者和呈现者。《大国工匠》用视频的形式展现了匠人敬业奉献、持之以恒的精神和不懈创新、精益求精的品质，体现了平凡而伟大的工匠之美。

在生活中，还有哪些美给你留下过深刻印象？请你寻找身边的美，探寻和发掘美的深层内涵，并将其拍摄成微视频，通过镜头展示出来，与同学们分享。

实训要求

本次实训具体有以下要求。
（1）微视频时长5分钟左右，画面、音质清晰。
（2）内容积极向上，贴合"美"的主题。
（3）视频完整且富有创意，能够表现"美"的深层内涵。
（4）结构合理，逻辑清晰，语言连贯，场景镜头衔接顺畅。
（5）小组内分工合理，配合密切。

实训步骤

1. 自由分组，合理分配任务

学生自由分组，5～8人为一组，并填写"任务分配表"，见表1-1所列。

表1-1　任务分配表

班级		组号		指导教师	
小组成员	姓名	学号		任务分工	
组长					
组员					

2. 确定主题

回顾所学内容，积极分享生活中你认为美的人、事、物，并搜集相关的音视频等资料；小组内交流探讨，确定微视频的主题和拍摄对象。

3. 撰写脚本

根据主题撰写脚本，内容主要包括时间、地点、景别（远景、全景、中景、近景、特写)、画面内容、运镜(推、拉、摇、移、跟等)、字幕、音效、时长等。

4. 准备拍摄用具

列出道具清单和拍摄计划(时间、进度等);准备拍摄所需器材(摄影设备、录音设备等)和道具。

5. 拍摄视频

根据脚本拍摄视频。手机拍摄时建议选择高清模式(1080P),注意双手稳定持机,需要移动机位时尽量匀速移动拍摄,必要时可使用三脚架或稳定器辅助拍摄。

6. 剪辑视频

使用剪辑软件将视频片段按照脚本拼接成完整的视频,注意场景镜头应衔接顺畅。

7. 后期处理

根据脚本添加旁白、配乐和字幕等,进一步完善视频。

8. 填写"任务完成情况表",展示优秀作品

填写"任务完成情况表",见表1-2所列;在班内展示优秀作品,分享创作及拍摄过程中的心得体会,并收集、整理教师和同学们的意见、评价。

表1-2 任务完成情况表

具体项目	详细内容
微视频名称	
主题及创意来源	
剧情概述	
道具准备	

（续表）

具体项目	详细内容
拍摄记录	
视频剪辑	
字幕及配乐	

实训评价

请教师对学生在本次实训过程中的表现与实训完成情况进行评价，见表1-3所列。

表1-3 评分表

考核内容	评分标准	分值	得分
知识与技能（70%）	内容健康积极，贴合"美"的主题	15	
	画面音质清晰，场景镜头衔接顺畅	15	
	情节完整且富有创意，能够撼动人心	15	
	结构合理，逻辑清晰，语言连贯	15	
	配乐能够渲染主题，升华内容	10	
德育素养（30%）	积极培养自己欣赏美的能力	10	
	能挖掘美的深层内涵	10	
	具有良好的团队精神和团队协作能力	10	
总评	优□ 良□ 中□ 及格□ 不及格□	总分	

备注：总体评价中，90～100分为"优"，80～89分为"良"，70～79分为"中"，60～69分为"及格"，60分以下为"不及格"。

成果检测

请结合本单元的学习情况和实训的完成情况,对本单元的学习成果进行自评、互评,并请教师进行总体评价,见表1-4所列。

表1-4 成果评价表

班级		组号		日期			
姓名		学号		指导教师			
单元名称		诗意的栖居:大学美育					
评价内容	评价标准		分值		评价得分		
				自评	互评	师评	
知识与技能(40%)	能够正确阐述美的本质		5				
	能够举例说明美的特点		10				
	能够结合生活实例,阐述美的表现形式		10				
	能够正确阐述美育的概念		5				
	能够结合生活实例,阐述美育的作用		10				
过程与方法(30%)	课前认真预习,形成对美和美育的初步印象		5				
	积极搜集生活中你认为美的图片、实物、音视频等资料		10				
	积极参与课堂互动,高效完成课下活动和同步实训		10				
	课后及时总结并复习		5				
综合素养(30%)	在小组讨论及参与实训活动过程中,能够很好地表达自己的审美感受,弘扬真善美		15				
	在实践中,与同学协调配合,具备团队协作能力、人际交往能力和分析解决问题的能力		15				
总评	自评(20%)+互评(20%)+师评(60%)			教师(签名):			

备注:可结合学习目标,采用教师评价、学生自评、学生互评、专家点评等方式对本单元的学习情况进行多元化评价。

素质园地

以美育人，以文化人

美育不仅能提升人的审美素养，还能够潜移默化地影响人的情感、趣味、气质、胸襟，激励人的精神，温润人的心灵，对立德树人具有重要作用。

中华民族拥有5 000多年灿烂文明，在源远流长的中华美学传统中，古代先贤们秉承"德艺双馨""艺品如人品"等理念，将高尚道德情操和家国情怀融入美学的内容与形式之中，通过文学艺术作品呈现出来，感染着一代又一代中华儿女。从这些作品中，最能感受到历年来中华儿女的团结奋斗。例如，从范仲淹的《岳阳楼记》中，我们可以感受到赤诚的家国情怀和昂扬的精神面貌；在王希孟的《千里江山图》（见图1-35）中，能领略锦绣河山的壮丽和创作者纯真质朴的爱国之情。

图1-35 《千里江山图》局部（王希孟）

在当代中国，美有了更加多元、开放、包容的姿态，多种艺术形式和不同的艺术风格碰撞交汇，琳琅满目。例如，透过吴冠中的绘画作品，可以感受中西文明交融的历史，体会不同文明交相辉映的魅力；在"雪如意""冰丝带"等冬奥会场馆，可以感受中华优秀传统文化的深厚内涵，领略中国魅力。

通过欣赏和感受中国文艺作品之美，有助于赓续中华优秀传统文化，形成开阔的视野和包容的心态，增强文化自觉和文化自信，增强做中国人的志气、骨气、底气，从而树立和坚持正确的历史观、民族观、国家观、文化观。

（资料来源：人民网，作者杨帆，有改动）

第二单元

心灵的熏陶：审美活动

单元导读

美无时不在，无处不在。因此，人们的审美活动随时随地都可能发生，有些是在无意识的状态下自然而然发生的，有些则是在有意识的情形下发生的。通常情况下，根据审美活动和人们主观感受的不同，可以将美感体验分为直觉反应、情感体验、精神感受和思想分析四种类型。

学习目标

知识目标
了解美感体验的四种基本类型
掌握不同美感体验的来源
理解不同审美活动带给人们的影响

能力目标
能够在自然审美、艺术审美和生活审美等审美活动中获得美感体验

素质目标
提高判断美丑善恶和分辨是非的能力
学会分析、判断不同行为和社会现象，树立正确的价值观和审美观

第一讲 直觉反应

美的 印象

作为世界上最著名的、最具话题性的绘画作品之一，《蒙娜丽莎》（见图2-1）塑造的是文艺复兴时期一位城市资产阶级的贵妇形象。画中的人物坐在一把半圆形的木椅上，坐姿优雅，笑容微妙。人物没有眉毛和睫毛，但面庞看起来十分和谐。人物背后是一道栏杆，隔开了人物和背景。背景中有道路、河流、桥、山峦，它们在达·芬奇"无界渐变着色法"的笔法下，和蒙娜丽莎的微笑融为一体，散发着梦幻而神秘的气息。

当我们欣赏这幅旷世名作时，作品中那如梦般的、无以言说的神秘微笑似乎一下子就吸引住了我们的目光，再联系人物周围的环境，整幅作品很容易让我们沉醉其中，无法自拔。在这个过程中，人

图2-1 《蒙娜丽莎》（达·芬奇）

们对《蒙娜丽莎》的美似乎有一种天生的感悟能力，并且这种感悟是在无意识的状态下自然发生的。这是因为美可以使人刹那间忘记一切，只顾聚精会神地欣赏它。这种人们自身对美的事物的不假思索的领悟能力被称为直觉反应。

美的 视窗

在审美过程中，直觉反应一般出现在休闲性的审美活动中，如自然审美、艺术审美和生活审美等。

一、自然审美

自然界中美的事物能够引起人们的直觉反应，使人们获得美感体验。例如，早上看到日出之景，人们会感受到新生的力量，从而内心充满希望；晚上看到皎洁的月亮，人们会感受到

当我们在谈论审美的时候，我们在谈论什么？（上）

宁静与安详，也可能由月亮勾起思乡之情；登山时看到四周环绕的群山（见图2-2），人们会产生"会当凌绝顶，一览众山小"的豪迈气概；散步时看到公园里春意盎然（见图2-3），人们会不由得感到舒适和惬意。

在自然审美过程中，人们的直觉美感来自自身对自然万物的直接感受。在大自然美景的怀抱中，人们的心情得到了放松，心灵得到了净化。

图2-2　登高望远　　　　　　　　图2-3　公园里的春意

二、艺术审美

与自然审美不同，艺术审美的对象以艺术作品为主。艺术作品是艺术家为了满足人们的审美需求而创造的比现实事物更典型的艺术形象，它给予人的是一种更高层次的审美愉悦和审美享受，能在触动人的精神和情感层面上发挥作用。因此，艺术审美比自然审美更容易引起人们的直觉反应。

在艺术审美过程中，最先发生的是直觉反应，然后才是情感体验、精神感受和思想分析等深层次的审美活动。例如，人们在欣赏画作《蒙娜丽莎》时，首先感受到的是作品中人物的形体美、画面的色彩美和构图美等形式上的美，在经过仔细观察和分析之后，才能领悟到作品中深邃、朦胧的精神美；倾听歌曲《春江花月夜》时，首先感受到的是唯美的歌词、甜美安静的曲调，而作品表达的情感、创造的意境及表达的人生态度只有展开联想和想象并进行思想分析才能体会到。

三、生活审美

生活中，美的事物可以直接作用于人的感官，因此生活审美凭借感知觉就能完成。人们在生活中获得的直觉美感是非常丰富的。例如，当人们品尝美食时，可以通过美食的色、香、味、形获得视觉、味觉等感知觉的审美，如图2-4所示；当人们看到一件好看的衣服时，首先能够感受到衣服的款式美、色彩美，穿上之后又能体会到衣服面料的舒适之感。

图2-4 生活中的美食

美的欣赏

一、朦胧之美

大自然中的景观千姿百态,有些奇特壮观,有些朦胧含蓄。例如,清晨时分,荡于湖面上的孤舟在薄雾的笼罩下与湖水融为一体,呈现出缥缈的意境之美(见图2-5);午后森林中,光线透过树叶照射下来,交织出幽远的静谧之美(见图2-6);雨后天晴,多姿的色彩透过玻璃,在雨滴的衬托下映照出动感的虚幻之美(见图2-7);江南烟雨中,白墙黛瓦,暮色四合,构成一幅浓墨淡彩、清新优雅的水墨画(见图2-8)。这些朦胧美可以为我们构造一种特定的意境,使我们获得特殊的审美感受。

图2-5 湖面上的孤舟　　　　　图2-6 阳光照射的森林

图2-7　朦胧的雨景　　　　　　　　图2-8　江南烟雨

二、形式之美

形式美是指自然界和艺术作品中的各种形式要素（色彩、形体、声音等）有规律地组合，从而形成的客观事物的外观形式的美。人们经过长期重复的审美活动，会对美的形式越来越熟悉，因此人们看到形式美便能引起美感反应。在自然界和艺术作品中，形式美无处不见，从色彩搭配到造型设计等都遵循着形式美的法则，如图2-9所示。

故宫博物馆（对称与均衡）　　　　鹦鹉螺（比例与分割）

梯田（节奏与韵律）　　　　　　　绘画作品（对比与调和）

图2-9　自然界和艺术作品中的形式美

三、秩序之美

图 2-10 德尼·狄德罗

法国启蒙主义美学的代表人物德尼·狄德罗（见图 2-10）曾说："一个物体之所以美，是由于人们觉察到它身上的各种关系，我指的不是由我们的想象力移植到物体上的智力的或虚构的关系，而是存在于事物本身的真实的关系，这些关系是我们的悟性借助我们的感官而觉察到的。"简而言之，物体之美在于我们可以看到的它的秩序。

在生活中，有序不仅能使人安定下来，还能呈现出有规则、有节奏的文明之美。例如，公共秩序影响着人们生活的方方面面，喧闹、杂乱、失控的人群让人烦躁崩溃，而流畅的秩序不仅展现出一种别样的秩序之美，还能节约人们的出行时间，提高生活品质，如图 2-11 所示。

图 2-11 商场楼梯上流畅的秩序

美的 体验

在中国这片古老而神奇的土地上,有着多姿多彩的地貌地形,有着各族中华儿女,也有着各类珍奇野兽、奇花异草。请同学们观看纪录片《美丽中国》(见图2-12),欣赏祖国的秀丽风光。

图2-12 纪录片《美丽中国》剧照

第二讲　情感体验

美的 印象

　　母爱不是人类特有的情感，而是自然界中共通的情感，如图2-13所示。正因为母爱的无私与伟大，大自然中的新生命才能焕发出勃勃生机。著名诗人高尔基曾说："母爱是世间最伟大的力量。没有无私的、自我牺牲的母爱的帮助，孩子的心灵将是一片荒漠。"这种无私的情感代代相传，感动着世间的每一个生灵。

图2-13　自然界中的母爱

美的 视窗

　　在实际生活中，人们能够在自然观照和艺术欣赏活动中获得丰富的情感体验。

一、自然观照

　　大自然中的风光、生命可以带给我们多种多样的情感启示。

当我们在谈论审美的时候，我们在谈论什么？（下）

因此，很多事物被人们赋予了新的思想内涵，用来象征人类美好的情感。例如，古时人们常常用并蒂的莲花、缠绕的连理枝和双栖的鸳鸯（见图2-14）象征至死不渝的爱情，用老牛舐犊、燕雀反哺和羊羔跪乳（见图2-15）象征亲情；用风云做伴、芝兰之交和桃花潭水象征友情。

图2-14　鸳鸯戏水　　　　　　　　　　图2-15　羊羔跪乳

同时，人们也通过对自然界中的事物和景象展开丰富的联想，获得真实的情感体验。例如，大自然中常见的树叶从发芽到最后归于尘土，整个过程都能够引发人们的无限遐想：最初，嫩芽从树枝上萌发，人们感受到生机勃勃（见图2-16）；当嫩芽长成一片片绿油油的树叶时，人们体会到树木对叶子的滋养、叶子对树木的庇护；秋天树叶穿上了金黄色的礼服，为了报答树木的恩情，叶落归根（见图2-17）。从树叶身上，人们不仅能够得到精神的激励，还能获得真情的洗礼。

图2-16　新生的树叶　　　　　　　　　图2-17　叶落归根

二、艺术欣赏

艺术欣赏是一种通过艺术作品激发人们的情感，对人们进行熏陶和感染，从而美化人的心灵、振奋人的精神的审美活动。艺术家在进行艺术创作的时候，把自己的思想感情、审美理想都倾注到了艺术作品的可感形式中，因此艺术欣赏不只是理性的认识活动，还和情感体验紧密联系在一起。

例如，人们欣赏李白的诗句"蜀道难，难于上青天"时，除了理解字面意思，还能感受到语言的铿锵之美及溢于言表的气势和激情；观看一部电影时，除了了解作品叙述的剧情或感受作品中的音乐、画面中的色彩，还会被剧中人物细腻的情感所触动。

美的欣赏

一、思念之美

古诗《行行重行行》（见图2-18）反映了东汉末年动荡岁月中一位妇女对亲人的深切思念，诗中情深缱绻，相思无尽。全诗如歌如诉，韵味深长，语言朴素自然又精练生动，风格淳朴、清新。

行行重行行，与君生别离。
相去万余里，各在天一涯。
道路阻且长，会面安可知。
胡马依北风，越鸟巢南枝。
相去日已远，衣带日已缓。
浮云蔽白日，游子不顾反。
思君令人老，岁月忽已晚。
弃捐勿复道，努力加餐饭。
——《行行重行行》（佚名）

图2-18 古诗《行行重行行》

"胡马依北风，越鸟巢南枝。"是诗中广为传唱的两句。其中，"胡马"（见图2-19）泛指北方的马，古时称北方少数民族为胡。"越鸟"（见图2-20）指南方的鸟。这两句的意思是从北方来的马依恋北风，从南方飞来的鸟喜欢将巢筑在朝南的枝头上。不难看出，这首诗想表达"依北风""巢南枝"是大自然中动物怀念乡土的本能表现，动物尚且如此，更何况人呢？

万物皆有灵，大自然能带给我们许许多多意想不到的启示和生生不息的感动，只要我们留心，就会有所发现。

图2-19　胡马依北风

图2-20　越鸟巢南枝

二、真情之美

真情是艺术创作的精神内核，优秀的作品总能带给观赏者丰富的情感体验。电影《岁月神偷》（见图2-21）便是一部让人流泪的真情之作，主要讲述了二十世纪六十年代，一个普通家庭经历世间冷暖、尝尽人生百味的故事。影片的大概剧情是：罗家原本是一个幸福的家庭——恩爱的夫妻二人、优秀的老大和调皮捣蛋的弟弟，他们的生活虽然贫穷，但也其乐融融。天有不测风云，一家人先后经历了台风、哥哥重病的人生变故，可贵的是，他们在困境中仍然乐观、坚强地生活，从不怨天尤人。

图2-21　《岁月神偷》剧照

这部作品透过细腻的情感表现出对生命、生活的回望。饱满、真挚的情感从真实的故事情节和精到的细节描写中体现出来。让人印象最深刻的是老罗特意为脚上长了鸡眼的老婆做鞋的片段，他们的大儿子生病住院之后，老罗想到老婆每天去医院给大儿子送饭，路远难走，于是精心为老婆做了一双舒服的新皮鞋。老婆为新鞋取了名字，叫"佳难"，她常说，一步佳，一步难，就像人生，起起伏伏。她也总说，做人，一定要有"信"。而她的"信念"、她的"希望"不是凭空长出来的，是"爱"赋予了她力量。我们从这里可以体会到人物内心的情感：因为有爱，就算生活遇到困难，心里也是温暖的。

岁月虽然"偷"走了许多，却偷不走心中最宝贵的东西，由此也揭示了影片的主旨——唯有爱，才抵得住岁月神偷。

美的 体验

在本讲一开始，我们领略了自然界中的母爱，那么，母爱在艺术作品中是如何体现的呢？图2-22是清代康涛的《孟母教子图》，请同学们从人物形象、画面氛围及情感表现等方面进行赏析。

图2-22 《孟母教子图》局部（康涛）

第三讲　精神感受

美的印象

蜗 牛

作词：周杰伦
作曲：周杰伦

该不该搁下重重的壳
寻找到底哪里有蓝天
随着轻轻的风轻轻地飘
历经的伤都不感觉疼

我要一步一步往上爬
等待阳光静静看着它的脸
小小的天有大大的梦想
重重的壳裹着轻轻的仰望

我要一步一步往上爬
在最高点乘着叶片往前飞
小小的天流过的泪和汗
总有一天我有属于我的天

我要一步一步往上爬
在最高点乘着叶片往前飞
任风吹干流过的泪和汗

我要一步一步往上爬
等待阳光静静看着它的脸
小小的天有大大的梦想
我有属于我的天
任风吹干流过的泪和汗
总有一天我有属于我的天

相信大家一定听过《蜗牛》这首歌。这首歌积极向上，曲调舒缓却有力量，歌词质朴平实，催人奋进，也让我们领悟到了蜗牛（见图2-23）奋斗不屈、永不放弃的精神之美。

图2-23　蜗牛

每个人都有自己的梦想，每个人也都在思考如何实现梦想，但并不是每个人都能像蜗牛一样执着追求，无怨无悔。我们不是蜗牛，但我们应当拥有歌词当中的蜗牛精神，坚持不懈地追求我们的梦想。

美的视窗

人们的精神感受来自无处不在的客观事物。无论是在自然界还是在人类社会，都广泛存在着一些看似很普通、很平常的事物，但只要对这些事物加以审美分析，就会发现它们具有一种令人振奋的精神美。

一、大自然的精神启示

人类社会的进步和大自然有着密不可分的关系。老子曾说："人法地，地法天，天法道，道法自然。"意思是说人要从自然中学习道理。大自然是人类的老师，是人类智慧的源泉，人们可以从大自然中学习各种知识，领悟深刻道理。例如，成熟的麦穗往往低着头（见图2-24），那是在教我们谦虚；渺小的水珠能够滴穿岩石，那是在教我们坚韧……在自然界中，具有精神美的事物随处可见。只要我们学会观察和积累，就可以从自然中获得激励和鼓舞，助力成功的人生。

图2-24 低头的麦穗

知识拓展

低头的智慧

法国思想家蒙田曾说过:"真正有知识的人的成长过程,就像麦穗的成长过程:麦穗干瘪的时候,麦子长得很快,麦穗骄傲地高高昂起,但是,麦穗成熟饱满时,它们开始谦虚,垂下麦芒。"(摘自《蒙田随笔全集》)

对于麦穗来说,倘若不低头,风会将其吹折,雨会将其打湿,鸟儿也会将其作为食物而啄食。低头一方面是为了避免危险的冲撞,让自己更好地成熟;另一方面也是对已有成绩的谦虚,不张扬、不炫耀。植物尚且如此,我们在人生中更应如此。

低头,不只是一个动作,也是一种智慧、一种豁达的胸怀。适时的低头,不是委曲求全的懦弱,而是"留得青山在,不怕没柴烧"的深谋远虑。

越有才、越有能力的人,往往越谦虚,反而是那些没什么知识、没什么才能的人总觉得自己了不起,才会高傲地"抬着头"。人生旅途,荆棘密布,低调做人,我们才会走得更顺利,更长远。

二、艺术作品中的精神传达

大自然能够带给人们精神启示,艺术作品同样也能够带给人们美好、积极向上的精神享受。相比自然景物,艺术作品所展现的精神美更加典型和突出,带给人的激励和鼓舞也更为强烈。

　　艺术的精神传达作用在中国传统绘画作品中有突出的体现，画家们通过精湛的技法展现所绘对象的内在精神和气韵，并在其中融入自己的价值追求。例如，元代画家王冕在其所画《墨梅图》中，不但画出了花密枝繁、强劲有力的梅树形象，而且题以诗句"吾家洗砚池头树，朵朵花开淡墨痕。不要人夸好颜色，只留清气满乾坤"，用来突出梅花不畏严寒、傲骨峥嵘、清雅高逸的高尚精神，如图2-25所示。

图2-25　《墨梅图》（王冕）

美的欣赏

一、蜜蜂之美

图2-26　蜜蜂

　　蜜蜂（见图2-26）是一种在花丛中采花酿蜜的昆虫，是勤劳奉献的象征。唐代诗人罗隐在《蜂》中写道："不论平地与山尖，无限风光尽被占。采得百花成蜜后，为谁辛苦为谁甜？"这首诗很好地描述了无论在平地，还是高山，哪里有鲜花迎风盛开，哪里就有蜜蜂奔忙的情景。蜜蜂不辞辛苦地奔波在春天里，餐风饮露，采花酿蜜。它们忘了时间，忘了地点，只管付出，不求回报。在蜜蜂身上，不仅彰显着勤劳的美德，还体现了崇高的奉献精神。

二、石间植物之美

大自然并非对每个生命都施以恩惠，有些生命的生存环境异常恶劣，而它们能在这种困境中顽强生存，依靠的是震撼人心的生命力。例如，石缝间的野花，虽然叶子稀疏，但仍然将根深埋在狭窄的缝隙中，尽情绽放，仿佛告诉人们，生命就是拼搏，如图2-27所示；山上的松柏，或扎根在峭崖绝壁，或破石而生，即使经受千百年的狂风洗礼和大雪压顶，仍然苍翠常青，风姿独具，如图2-28所示。这些石间生命展现给人们的不仅是装点荒山枯岭的层层葱绿，还有倔强、顽强、坚韧不屈的品格，以及震慑心灵的精神力量。

图2-27　扎根石间的野花

图2-28　山间奇松

三、奔马之美

这幅扬鬃奋蹄、豪气勃发的《奔马图》（见图2-29）是国画大师徐悲鸿的作品。徐悲鸿画这幅画时正值第二次长沙会战期间，他忧心战事，于是连夜作画，寓情于笔墨间，表达自己的爱国、忧国之情。

这幅画笔势飞泻直出，线条遒劲流畅，画中没有马鞍，没有缰绳，只有在广袤的原野上自由奔跑的马匹。马匹四蹄腾空，马鬃在风中飞扬，马尾在风中飘散，将奔马斗志昂扬的神态表现得淋漓尽致。同时，马匹的透视感较强，前伸的双腿和马头有很强的视觉冲击力，似乎要冲破画面。作品给人以有力、刚劲的感受，具有动人心魄的力量。在那个特殊的年代，这幅《奔马图》彰显出战火纷飞的峥嵘岁月下中国人的风骨，鼓舞了民族士气。

图2-29 《奔马图》局部（徐悲鸿）

美的 体验

"梅兰竹菊"被称为四君子，请分别找出与它们相关的艺术作品并赏析，如郑板桥画的竹子、李商隐写的《菊花》、陆游写的《卜算子·咏梅》等，体会"四君子"内在的精神美和相关作品表达的思想感情。

第四讲　思想分析

美的 印象

在生活中，有孝心的人常常被世人赞美，他们为父母排忧解难，照顾家人（见图2-30），承担家务。在他们身上，我们可以看到孝老爱亲的美好品质。

图2-30　生活中的行孝场景

孝顺是儿女对父母应尽的本分。父母给了我们生命，教会我们做人的道理，我们的健康成长离不开父母对我们的爱。父母渐渐苍老的容颜，记载着为我们付出的点点滴滴。只有心存孝道，才能领悟到亲情的温暖，才能激励自己茁壮成长。

俗话说："百行孝为先"，孝顺父母在中华民族传统美德中是占第一位的。木兰代父从军、王祥卧冰求鲤、黄香温席，古往今来多少名人轶事无不向我们展示着孝顺这一历史悠长的文化。纵观现实社会，有人为了医治父母，千金散尽；有人为了私利，虐待老人，甚至抛弃至亲。美与丑，善与恶，全在一念之间。

美的 视窗

作为一名大学生，我们要有判断美丑善恶和分辨是非的能力，这种能力是我们

为人处世的基本能力,也是健康成长的重要基础。想要培养这种能力,最重要的是要有自己的价值判断和道德标准。社会生活千姿百态,有善有恶,有美有丑,我们要懂得对人的行为、社会现象及类文化事物进行思想上的分析和判断,树立正确的价值观和审美观。

一、人的行为

人的行为指人的行动、举止,是个体在社会实践中的直观表现。那么,什么样的行为是美的?什么样的行为是丑的?其实,无论在哪种文化背景下,人的行为美丑都有一些基本的评价标准。这些标准首先要符合人类最基本的文明观念,其次要符合本民族的道德规范,最后还要符合同一时代背景下人们的审美观和价值观。

简单来说,能够自觉约束自己的行为,讲文明,树新风,让自己的行为符合社会道德规范,那么在人们的心中你便是美的。例如,走进校园,看到同学在打扫卫生,主动前去帮忙(见图2-31);一节课匆匆过去,当老师用沙哑的声音说"下课了",怀着一颗感恩的心,向老师说一声"再见"。这些都是行为美的体现。而随意破坏公共环境,违背社会道德规范,如在树木、名胜古迹上乱刻乱画、在公共场合乱扔垃圾、随地吐痰、践踏花草等,这些行为具有明显的破坏性,当然就谈不上美了。

图2-31 打扫校园卫生

二、社会现象

人总会受到社会环境的影响,而社会环境具有多样性,有些社会现象能给人带来正能量,有些社会现象却会带来负面的影响。例如,近年来在青少年中普遍存在盲目追星的现象,部分青少年对明星过度崇拜,疯狂迷恋,甚至丧失自我,荒废了自身的学习和生活;又如,如今加入"手机一族"的学生越来越多,他们在上课期间用手机玩游戏、看小说,影响了正常的课堂秩序和自身的学习。

社会现象复杂多变，当我们面对它们时，要注意分析其思想内容，分辨是非、美丑。对于那些传递温暖的现象，要大力发扬；对于那些不良现象，要坚决抵制、不受其干扰，坚守健康向上的人生道路。

三、类文化事物

凡是以貌似文化的形式出现的事物，统称为类文化事物。但类文化事物只有文化的表现形式，没有文化的基本内涵。类文化事物包括非文化事物和反文化事物两种类型。

非文化事物是指那些既不能对人们产生积极影响，也不会对人们造成危害的事物，如纯粹娱乐性的笑话、小品、魔术、模仿秀等。

反文化事物是指那些危害人们思想和精神健康，给人们带来精神伤害的事物，如青少年中的功利、拜金、利己主义倾向，社会中各种恶劣的犯罪行为，等等。反文化事物容易腐蚀人们的心灵，动摇人们的信念，使人们丧失仁爱之心，严重的甚至能使人行为失控，如一些人因为物欲膨胀而走上抢劫、盗窃的犯罪道路。因此，我们应学会识别和抵制反文化事物，维护自身的身心健康。

美的 欣赏

一、礼仪之美

2017年9月1日晚，在大型公益节目《开学第一课》中，主持人采访了著名翻译家许渊冲老先生。为了方便与坐在椅子上的老人对话，主持人穿着裙子跪地采访，被网友们称赞"跪出了最美的中华骄傲"。

中华民族自古以来就是礼仪之邦，强调"为人子，方少时。亲师友，习礼仪。"中华礼仪是我们的传统文化，也是一个人素养、品质和精神世界的外在表现。礼仪之美体现在方方面面，在与他人交谈时，多用"请""谢谢""对不起"等礼貌用语，可以让人如沐春风；与人交往时，态度诚恳、语气亲切、尊重他人，不出言不逊、强词夺理，可以创建和谐的人际关系；在公共场合时，保持头发整洁、修饰得体、互相礼让的仪表仪态，可以给人留下美好的印象；到图书馆、阅览室学习时，不高声喧哗或窃窃私语，可以创建更文明的学习环境。

二、宽容之美

"六尺巷"的故事

清代康熙年间有位大学士名叫张英。一天，张英收到家信，说家人为了争

三尺宽的宅基地，与邻居发生纠纷，要他用职权疏通关系，打赢这场官司。张英阅信后坦然一笑，挥笔写了一封信，并附诗一首："千里来书只为墙，让他三尺又何妨？万里长城今犹在，不见当年秦始皇。"家人接信后，让出三尺宅基地，邻居见了，也主动相让，于是就有了六尺巷。

从这个故事我们可以看出，做人宽容大度，有包容之心，才能成人成己之美，才能与人为善，和睦邻里。那么，什么是宽容呢？宽容就是以谅解和包容的心态去对待与自己不同的观点、意见、性格和志趣，甚至是别人的过错和冒犯，从而与人和谐相处。俗话说，宰相肚里能撑船，冤家宜解不宜结。生活中我们难免会与人产生争执，这时如果你不让我，我不让你，就很容易引发矛盾和争斗。因此，我们需要学会宽容，忍一时风平浪静，退一步海阔天空。

正所谓，深邃的天空容忍了雷电风暴，才有了风和日丽；辽阔的大海容纳了惊涛骇浪，才有了浩渺无垠；苍莽的森林忍耐了弱肉强食，才有了郁郁葱葱。多一点宽容，多一点担待，一切都会变得更加美好。

三、奉献之美

近年来，大学生到偏远山村支教的公益活动（见图2-32）在校园里日益盛行。俗话说，赠人玫瑰，手留余香。支教于山区的孩子，于我们自身，都有着非凡的意义。对于山区的孩子来说，支教老师能给他们温暖的陪伴，让他们对外面的世界多一分了解，帮助他们学到更多的知识。尤其是那些留守儿童，他们本来就渴望父母的关爱，支教老师能给他们带来心灵上的慰藉，让他们在成长中感受到爱的温暖，从而对未来充满希望。对于大学生来说，支教能锻炼自己的社会实践能力和表达能力。同时，与孩子们交流时常常会被他们的浓浓真情所感动，从而得到心灵上的陶冶。

图2-32　支教活动

支教是一种奉献，是一种成长，支教有情，青春无悔。大学生作为时代先锋，应积极支教，在支教岗位上勇于担当，积极奉献，展现大学生良好的精神风貌，为国家贡献出自己的力量。

美的 体验

为了加强同学们的美丑观、是非观，请以"立德树人，与爱同行"为主题组织一次班会，具体内容如下：

（1）班长介绍"立德树人"的含义，以及此次班会的主要内容。

（2）请每位同学（或者小组代表）发言，介绍身边的典型模范，讲述对"立德树人"的理解。

（3）全体同学签订"立德树人"承诺书，承诺以后定期组织爱护环境、关爱老人、奉献社会等公益活动。

（4）每位同学写一句有关"立德树人"的话语，贴在公告栏里。

（5）班长总结此次班会，呼吁大家把"立德树人"践行到生活中。

同 步 实 训

在思维碰撞的火花中走近"审美"

实训导入

生活当中我们总是在不停地赞美和审美，然而有的美是人们所共识的，比如大好河山的美（见图2-33）；有的美却是见仁见智的，比如诗文画作的美（见图2-34）。那么，美到底是客观存在还是主观感受呢？在1999年的国际大专辩论会决赛上，西安交通大学代表队和马来亚大学代表队就"美是客观存在还是主观感受"这一辩题展开了精彩的辩论。双方的对决激情澎湃，扣人心弦，选手们引经据典、妙语如珠，精彩的发言使人拍案叫绝。比赛中不同观点的碰撞，唇枪舌剑的纠缠，思维火花的燃烧，带领我们一起去思考和探究美的内涵。

2 000多年前，荀子曾经提到，好的辩论应该是"精装以利之；端严以处之；坚强以持之；彼称以喻之；分别以明之；心欢、芬芳以颂之"。辩论能帮助我们反思社会现象，提高逻辑思维能力和语言表达能力，同时也能够提高我们的认知水平。

接下来，请大家回顾所学内容，围绕"审美"的理论知识和由"审美"引发的社会现象展开讨论，并选择有意义的辩题，通过辩论深入感受审美活动的价值和意义。

图2-33 自然山川　　　　　　　图2-34 美术馆

实训要求

本次实训具体有以下要求。

（1）辩论应贴合"审美"的主题，内容积极向上。

（2）辩论时使用普通话，吐字清晰，表达流畅。

（3）双方辩友应互相尊重，以理服人而不能以势压人。

（4）辩论时观点明确，逻辑清晰，言简意赅；反应迅速，思维敏捷。

（5）小组内分工合理，配合密切。

实训步骤

1．确定辩论赛的辩题及时间、地点

班级内积极讨论，确定辩论赛的辩题及时间、地点。在选择辩题时，应对课堂所学知识进行延伸，同时积极查阅课外资料了解不同的社会现象，最终由教师评选出最有价值的辩题。

2．自由分组，合理分配任务

学生自由分组，每组4人。每组各派一人抽签确定正、反方，并根据辩论规则自行决定一辩、二辩、三辩、四辩，填写"任务分配表"，见表2-1所列。同时每组为自己起一个响亮的组名。

表2-1　任务分配表

班级		组名		指导教师	
小组成员	姓名	学号	任务分工		
组长					
组员					

3. 做好赛前准备工作

理解辩题的定义及内涵；根据辩题查询相关资料得出相关论点，并进行归纳整理，见表2-2所列；分析相关论点，并搜集论据，论据应真实、充分、典型；组内模拟辩论并查漏补缺。

表2-2　论点归纳整理表

辩题	
立论论点	
驳论论点	

4. 辩论

辩论设主席一名，负责主持辩论、提醒时间、维持辩论秩序，并在辩论结束后公布各队得分情况。如有违反辩论秩序者，辩论主席可提前终止辩论赛并宣布获胜一方。辩论赛具体细则见表2-3所列。

表2-3　辩论赛细则

环节	辩手	内容	时长
立论陈词	正方一辩	阐述己方观点	3分钟
	反方一辩	阐述己方观点	3分钟
盘问攻辩	正方二辩	向反方二辩或三辩发问，反方只能作答不能反问	总计时3分钟，每次提问或回答不能超过30秒
	反方二辩	向正方二辩或三辩发问，正方只能作答不能反问	总计时3分钟，每次提问或回答不能超过30秒
	反方三辩	向正方二辩或三辩发问，正方只能作答不能反问	总计时3分钟，每次提问或回答不能超过30秒
	正方三辩	向反方二辩或三辩发问，反方只能作答不能反问	总计时3分钟，每次提问或回答不能超过30秒
	正方	攻辩小结	1分钟
	反方	攻辩小结	1分钟

(续表)

环节	辩手	内容	时长
自由辩论	正反方交替进行	先由正方任意一位辩手发言，发言完毕后由反方任意一位辩手发言，直到双方队员的时间用完为止	双方各累计计时5分钟
总结陈词	反方四辩	总结己方观点	3分钟
总结陈词	正方四辩	总结己方观点	3分钟

5. 评委打分，评选最佳辩手

评委进行点评并打分，评议出获胜方和每组的最佳辩手；辩论主席宣布结果。

实训评价

请教师对学生在本次实训过程中的表现与实训完成情况进行评价，见表2-4所列。

表2-4　评分表

考核内容	评分标准	分值	得分
知识与技能（70%）	内容健康积极，贴合"审美"的主题	15	
知识与技能（70%）	使用普通话，吐字清晰，表达流畅	15	
知识与技能（70%）	举止端庄，态度温和，彬彬有礼，互相尊重	15	
知识与技能（70%）	观点明确，有理有据，逻辑清晰，言简意赅	15	
知识与技能（70%）	反应迅速，思维敏捷	10	
德育素养（30%）	积极培养自己的逻辑思维能力和语言表达能力	10	
德育素养（30%）	能对社会现象进行深入分析	10	
德育素养（30%）	具有良好的团队精神和团队协作能力	10	
总评	优□　良□　中□　及格□　不及格□	总分	

备注：总体评价中，90～100分为"优"，80～89分为"良"，70～79分为"中"，60～69分为"及格"，60分以下为"不及格"。

成果检测

请结合本单元的学习情况和实训的完成情况，对本单元的学习成果进行自评、互评，并请教师进行总体评价，见表2-5所列。

表2-5 成果评价表

班级		组号		日期			
姓名		学号		指导教师			
单元名称			心灵的熏陶：审美活动				
评价内容	评价标准		分值		评价得分		
				自评	互评	师评	

评价内容	评价标准	分值	自评	互评	师评
知识与技能（40%）	能够正确阐述形成直觉反应的审美活动有哪些	5			
	能够举例说明朦胧美、形式美和秩序美的具体表现	5			
	能够正确阐述给人带来情感体验的审美活动有哪些	5			
	能够举例说明思念之美和真情之美的具体表现	5			
	能够举例说明大自然和艺术作品带给人们的精神感受	10			
	能够正确阐述如何对人的行为、社会现象及类文化事物进行思想上的分析和判断	5			
	能够举例说明礼仪之美、奉献之美和宽容之美的具体表现	5			
过程与方法（30%）	课前认真预习，形成对不同审美活动的初步印象	5			
	积极记录在生活中发生审美活动的场景和自己的感受	10			
	积极参与课堂互动，高效完成课下活动和同步实训	10			
	课后及时总结并复习	5			
综合素养（30%）	在小组讨论及参与实训活动的过程中，能够很好地表达自己的审美感受，增强美丑观、是非观	15			
	在实践中，与同学协调配合，具备团队协作能力、人际交往能力和分析解决问题的能力	15			
总评	自评（20%）+互评（20%）+师评（60%）		教师（签名）：		

备注：可结合学习目标，采用教师评价、学生自评、学生互评、专家点评等方式对本单元的学习情况进行多元化评价。

素质园地

聚焦军旅美术，赓续红色血脉

近年来，军旅美术工作者在扎根军营的同时，自觉融入时代洪流，以理想信念、责任意识和英雄情怀浸润创作。在近期多项国家重大主题美术创作工程中，军旅美术中涌现出许多优秀作品，为传承红色基因、续写红色新篇凝聚了强大的精神力量。

2021年6月27日，"不忘初心，牢记使命——庆祝中国共产党成立100周年美术作品展览"在中国共产党历史展览馆开展。其中，军旅美术工作者的作品占据了相当的比重，如油画《秋收起义》《三大主力红军会师》《平型关大捷》《红地毯述》《历史的星空——两弹一星功勋科学家们》《清晨的三沙》《红潮——五四运动》（见图2-35）等，中国画《百团大战》《重申"四个现代化"》《飞天圆梦》《龙腾大湾》《东北抗日联军》（见图2-36）等。

图2-35 《红潮——五四运动》（许江、孙景刚、邬大勇）

图2-36 《东北抗日联军》（黄洪涛）

创作者在现实主义创作思想的引领下，广纳博取，着力将军旅美术的审美特质与时代语境相结合，不但在形式语言上体现出新时代的审美特征，而且在主题开拓和精神发掘方面，达到了历史真实和艺术真实的高度统一。

强军先强魂，新时代的军旅美术创作，以丰富多元的艺术形式，描绘中国革命波澜壮阔的史诗画卷和中国特色强军之路的宏阔景象，热情讴歌人民军队矢志强军兴军的坚定意志和时代风采，彰显出军旅美术的凝聚力和艺术感染力，为满足广大官兵日益增长的精神文化需求，做出了积极贡献。

（资料来源：中国共产党新闻网，作者李翔，有改动）

第三单元

3

曼妙的世界：自然美

单元导读

自然美是指各种自然事物美的属性和非自然事物本身具有的美的特质。自然美的本质是"自然的人化"或"人化的自然"，具有丰富多彩、气象万千的特点，其具体、鲜明、感性的形式能带给人美感，这种美感令人流连忘返。自然美具有广泛的认同性，是人们审美思想形成和各种审美标准产生的基础，也是创造生活美、艺术美、科技美的参考和范本。无论是欣赏美，还是创造美，都要从认识自然美开始。

学习目标

知识目标	了解自然界中事物美的基本类型 了解美感景象、精神景象和情感景象的含义和特征 了解视觉情境、听觉情境、触觉情境和心理情境的具体表现
能力目标	能够在自然界中发现美、感受美、欣赏美
素质目标	关心和关注自然遗产，形成保护自然的意识 在实训中，与同学协调配合，提高团结协作能力和解决问题的能力

第一讲 事物之美

美的印象

"迎来送往有奇松,不论阴晴雨雪中。今被浮云遮盖住,依然美雅露忻容!"这首诗描写的是黄山迎客松。迎客松是黄山的标志性景观,具有数千年历史。

黄山迎客松(见图3-1)饱经风霜,仍然郁郁苍苍,苍翠挺拔,充满生机。其一侧枝丫伸出,仿佛人伸出一只臂膀欢迎远道而来的客人,姿态优美,给黄山增添了无穷的诗情画意,也给游人带来了美的感受。

图3-1 黄山迎客松

美的视窗

事物美是指自然界中的各种自然事物所呈现出的美好状态。自然界中的事物千姿百态，不同事物所创造的自然美各不相同。一般来说，自然美大致可以分为天地日月、山水树石、鸟兽鱼虫、花草果蔬四大类。

一、天地日月

天地日月的美，表现为博大与高远、生机与活力、光明与温暖、缥缈与宁静，这种美是自然形成的，会随着时间、气候、季节的变化呈现不同的面貌。

早上的天空蔚蓝透亮，晚上的天空昏暗静谧，雨中的天空乌云翻滚（见图3-2），雨后的天空温暖湛蓝。

春天的大地碧绿苍翠、生机勃勃，冬天的大地白雪皑皑、寒冷苍茫。

初升的太阳红彤彤，透射绚烂霞光，呈现朝气蓬勃的生机美；正午的太阳明晃晃，普洒万丈光芒，呈现热烈炫目的活力美；傍晚的太阳金灿灿（见图3-3），呈现祥和温暖的安宁美。

月亮或皎洁似玉盘（见图3-4），或弯曲似银钩，文人墨客留下了许多描写月亮之美的诗词。例如，"明月松间照，清泉石上流"描写的是宁静美；"深林人不知，明月来相照"描写的是岑寂美；"星垂平野阔，月涌大江流"描写的是开阔美。

图3-2 天空　　　　图3-3 夕阳　　　　图3-4 月亮

二、山水树石

古往今来，人们常寄情于山水树石，并将其作为诗词歌赋和各类艺术作品的重要表现内容。例如，巍峨雄伟的泰山（见图3-5）、云雾迷蒙的黄山、陡峭险峻的华山、如诗如画的西湖（见图3-6）、碧波清澄的桂林漓江、精雕细琢的苏州园林等常出现在各类艺术作品中，传递着各种美。

北方的山多雄伟险峻，令人心生敬畏；南方的山多郁葱俊秀，令人心生向往。春天的山妩媚葱翠，给人生机勃勃的朝气美；夏天的山青翠欲滴，给人绿荫笼罩的清凉美；秋天的山橙黄橘绿，给人赏心悦目的收获美；冬天的山银装素裹，给人悄然无声的寂静美。

图3-5 泰山　　　　　　　　　　　　　图3-6 西湖

　　水之美因其具有透明、流动等自然属性，具体表现为碧波如镜的宁静美，晶莹清澈的纯净美，映照斑驳的色彩美，奔腾不息的动态美，轻盈如烟的缥缈美，等等。例如，湖水一碧千里、波光粼粼，具有水清镜明的清澄美；瀑布（见图3-7）飞流直下、水珠四溅，具有周而复始的飘逸美；小溪晶莹清澈、时缓时急，具有静谧活泼的灵动美。

图3-7 瀑布

　　树之美在于其生机和活力，也在于其多变的姿态。有风时树影婆娑、摇曳多姿，无风时高大挺拔、灵秀俊美，如图3-8所示。

　　石之美在于其坚硬、稳固和厚重（见图3-9），也在于其具有的精神品质，如顶天立地、坚韧不拔等。园林中的石头，无论是自然形成的珍奇美石，还是后天加工的嶙峋巧石，它们都有其独特的魅力。

图3-8　古树

图3-9　竖石

三、鸟兽鱼虫

在现实生活中，很多人会养一些小动物，如小鸟、金鱼、小狗、蟋蟀等。鸟兽鱼虫各有其美，能给人带来美的享受。例如，鸟儿（见图3-10）美丽的羽毛、悦耳的歌声，鱼儿（见图3-11）妙曼的身姿、灵动的尾巴，小狗（见图3-12）机灵的性格、光滑的皮毛，蟋蟀（见图3-13）灵巧的身形、优美的叫声，这些都能给人带来美感与愉悦。

图3-10　小鸟

图3-11　金鱼

图3-12　小狗

图3-13　蟋蟀

四、花草果蔬

花草果蔬是人们在生活中接触最多的自然事物，也是人们进行艺术创作的重要题材。在插花艺术中，插花师会将各类花草搭配在一起，营造一种舒适自然的田园美，如图3-14所示。果蔬是人们日常生活的一部分，也是生活美的重要组成部分。

花之美在于其颜色、姿态和香味。例如，牡丹（见图3-15）的色、姿、香、韵俱佳，花大色艳，花姿绰约，艳压群芳，具有"花中之王"的称号；荷花亭亭玉立，出淤泥而不染，姿态盎然；梅花的香味别具神韵、清逸幽雅，沁人心脾、催人欲醉，被历代文人墨客称为"暗香"。

图3-14　插花艺术

草之美在于其颜色、活力和生机。例如，薰衣草（见图3-16）的叶形、花色优美典雅，蓝紫色花序颀长秀丽，给人极具感染力的色彩美和韵味美。又如，蒲公英的叶片呈波齿状，灵动可爱；花朵凋谢后，白色的毛冠绒球随风飘扬，给人柔和轻盈的自然美和生机美。

图3-15　牡丹 　　　　　　　　　　　　图3-16　薰衣草

果蔬之美在于其诱人的颜色和爽口的味道。例如，樱桃（见图3-17）色泽鲜艳、晶莹美丽，或红如玛瑙，或黄如凝脂；黄瓜（见图3-18）甘甜、爽口、清香，脆嫩多汁，色味俱佳。它们都能给人们带来视觉上的美感和味觉上的享受。

图3-17 樱桃

图3-18 黄瓜

美的 欣赏

泰山日出（见图3-19）壮观瑰丽，是岱顶奇观之一。在泰山顶上看日出，与在平原或海边是不同的。太阳初起时，天暗沉沉的，西方是一片铁青，东方有些微白。当第一缕曙光撕破黎明前的黑暗，东方天幕由漆黑逐渐转为鱼肚白、红色，直至耀眼的金黄，万道霞光喷薄而出。最后，一轮旭日跃出云海，腾空而起，天空顿时光芒万丈。整个过程像一位技艺高超的魔术师在表演，在瞬息间变幻出千万种多姿多彩的画面，令人叹为观止。

图3-19 泰山日出

美的 体验

浏览中国国家地理网和Unsplash网，欣赏天地日月、山水树石、鸟兽鱼虫的自然

事物之美（见图3-20），挑选出几幅喜欢的作品分享给朋友，并发表自己的感想。

图3-20　动物、植物之美

第二讲　景象之美

美的印象

蔚蓝的天空下，麦子在微风的吹动下形成了金色的波浪（见图3-21），一起一伏，沙沙作响，似是一段优美的旋律，令人回味无穷。滚滚麦浪把大地染成一片金黄，黄得殷实、浩荡、蓬勃，黄得惊心动魄、金光灿灿。这一幕，让人感受到了丰收之美。站在辽阔的田野，欣赏一望无际的金色麦浪，感受沁人心脾的麦香。

图3-21　麦浪

美的 视窗

景象之美指的是事物的群体美。对于景象而言，无论是由一组同类的事物构成，还是由一组不同的事物构成，其基本特征都是以群体形式表现的。相对于个体事物的美而言，群体性的景象美带来的视觉冲击力更强。

中国古典诗词中描写景象之美的句子有很多。例如，王维的《使至塞上》中的"大漠孤烟直，长河落日圆"描写的是大漠孤烟、落日映照的壮观美；杜甫的《江畔独步寻花》中的"黄四娘家花满蹊，千朵万朵压枝低"描写的是繁花似锦的春光美；陆游的《游山西村》中的"山重水复疑无路，柳暗花明又一村"描写的是花明柳绿的广阔美。这些美，无一例外，都是靠群体事物烘托形成的。

一、美感景象

美感景象是指具有充分的视觉美，能够直接触动人们视觉感受的景象。这种景象，通常让人一眼望去就觉得妙不可言。

自然界中常见的美感景象有很多，如春天的桃花林、夏天的荷花池、秋天的漫山红叶、冬天的连绵雪山等。荷花池一眼望去，令人赏心悦目，如图3-22所示。荷花池令人心悦的不仅是荷花、荷叶本身的形象美，还有荷叶、荷花所形成的景象的群体美。漫山的枫叶同样具有群体美，它们看起来红烈似火，比单独一棵枫树要壮观得多，如图3-23所示。

图3-22　荷花池　　　　图3-23　枫树林

二、精神景象

精神景象是指能令人产生联想或引发人们情感共鸣的景象。例如，攀附在墙壁岩石上的爬山虎（见图3-24），让人联想到生命的坚强；在风沙大漠中顽强生长的胡杨（见图3-25），能给人精神上的震撼，让人联想到不屈不挠、努力拼搏的精神。

精神景象是一种能使人寄景抒情的景象，欣赏景象时人们眼中看到的是景象朴实、直观的自然属性，但人们可以联想到景象背后顽强坚韧的生命力或其他内在美。

图3-24　墙壁上的爬山虎　　　　　　图3-25　大漠胡杨

三、情感景象

情感景象是指能够使人们联想到友情、爱情、亲情等情感的景象。情感景象的主要特征在于它能表现出情感美，人们欣赏情感景象时，既能收获情感体验，又能获得精神洗涤。

例如，人们看到鸟儿哺育幼鸟这一景象时（见图3-26），便会联想到父母对子女的养育之恩；看到羊羔跪乳的景象时，就会想到儿女怀感恩之心回报父母的养育之情。又如，大雁是随季节迁徙的候鸟（见图3-27），它们春去秋来的生活习性，常让人们想起故乡和亲人，因此人们常借大雁抒发思乡之情。

图3-26　鸟儿哺育幼鸟　　　　　　图3-27　大雁南飞

美的欣赏

雾凇（见图3-28），俗称"玉树琼花"，是空气中的水蒸气在低温时凝结，或遇冷时冷雾直接冻结在树枝或电线等物体上形成的乳白色冰晶沉积物。雾凇是非常难得的自然奇观，它美丽皎洁，晶莹闪烁。冬季来临时，雾凇挂满枝头，把树木点缀得"繁花似锦"，壮丽迷人，好似月宫玉树。远远望去，像是满树绽放了晶莹剔透的琼花。每年寒冬季节，吉林松花江岸十里长堤就会出现"忽如一夜春风来，千树万树梨花开"的壮观景象，如同仙境，这是北方冬季最独特的风景。

图3-28　雾凇

美的 体验

大自然的奥妙在于，即使是同一种事物形成的景象，也各有其美。请查找与樱花相关的图片及视频资料，感受多样的樱花景象（见图3-29），并试着拍一拍身边的美好景象，感受其独特的美。

图3-29　樱花景象

第三讲　情境之美

美的印象

"春江潮水连海平，海上明月共潮生。"这两句诗将春江、明月等自然景物集中在一起，勾勒出最动人的瑰丽画面，如图3-30所示。

图3-30　春江月夜图

诗人将"春江""潮水""大海""明月"由近及远，连成一线，最后将重心落在明月上。"月"是情景兼融之物，犹如一条生命纽带，通贯上下，处处生神。

明月从海上升起，好像与潮水一起涌出来，闪耀在千万里之遥的江面上，春江在明月的朗照之下，波光粼粼。月光荡涤了世间万物的五光十色，将大千世界浸染成梦幻一样的银灰色。

这两句诗融诗情、画意于一体，在虚实相生中形成绚烂多彩的艺术效果，宛如一幅淡雅的中国水墨画，描绘出春江月夜清幽的情境美。

美的视窗

情境美是指环境美。人们可以亲身体验不同情境的美好，获得直接而强烈的美妙感受。大自然中的情境美千姿百态，有的雄伟壮阔，有的绚丽奇幻，有的悲凉凄婉，有的豪放阔达，有的含蓄温婉，有的朴素典雅……

不同的情境能够使人获得不同的美感体验。情境美大致可分为视觉情境、听觉情境、触觉情境和心理情境四种类型。

一、视觉情境

视觉情境是指具有充分的视觉美感，能够通过悦人眼目，给人以情感体验，最终让人获得审美享受的情境。视觉情境美的表现方式多种多样，有的突出视觉的清新感，有的突出颜色的明艳感，有的突出景物的丰富感和层次感。

自然界中存在各种各样的视觉情境。有的视觉情境让人心旷神怡，如满山苍翠的树木、郁郁青青的小草、五彩缤纷的花朵、婀娜摇摆的柳条、波光粼粼的湖水（见图3-31）。有的视觉情境给人寂寥苍茫感，如月圆风清的静夜、天高云淡的旷野（见图3-32）、云雾缭绕的峡谷等。

图3-31　波光粼粼的湖水　　　图3-32　天高云淡的旷野

二、听觉情境

听觉情境是指以声音为审美要素的情境，那些悦耳、自然、淳朴、清雅的，能给人美好的听觉感受的声音，都是听觉情境的构成要素。

人们听悦耳的声音时，往往会情不自禁地被带入美妙的情境。例如，春天万物复苏，唧唧啾啾的鸟鸣声、风摇细柳的沙沙声、雨润万物的淅沥声，都能让人感受到生机美。夏天，小雨拍打荷叶的滴答声、大雨倾盆的哗啦声，能让人感受到雨水滋养大地、涵润自然的美好（见图3-33）。秋天，风吹落叶的呼呼声、登高远游的欢笑声，能让人感受到清静、凉爽、思乡思亲的美。冬天，脚踩积雪的咯吱声、屋檐积雪融化（见图3-34）的滴答声，能让人感受到寂静、纯洁、温暖的美。自然界中的听觉情境丰富多样，只要认真聆听，随处可得妙境。

图3-33 下雨　　　　　　　　　　　　图3-34 积雪融化

三、触觉情境

触觉情境是指需要依赖触觉来获得美感体验和享受的自然情境。自然界中，很多情境美必须依靠触觉来感受和体验。例如，早晨的凉爽，雨后的湿润（见图3-35），冬季的寒冷，阳光照耀下的温暖，山谷微风的清凉（见图3-36），都需要通过触觉来感受和体验。

图3-35 雨后的凌霄花　　　　　　　　图3-36 风中的蒲公英

自古以来，在文人骚客的诗词中，有不少描写触觉情境的句子。例如，南宋志南和尚在《绝句》中写道："沾衣欲湿杏花雨，吹面不寒杨柳风。"这两句诗通过人的触觉直言春风和煦而无寒意。杜甫的"春城雨色动微寒"则是通过触觉直言春寒料峭。

四、心理情境

人们常说："境由心生。"人的美感体验与享受，实际上是一种心理感受。心理情境是指人们接受外部环境的刺激后形成相应的感受，并与过去的经验认知相结合，而构成的一种独特的、个性化的情境。例如，人在烦躁的时候，待在湖畔，通常能够感受到一种平静与祥和，因为在人们的经验认知中，湖是宁静平和的（见图3-37）。

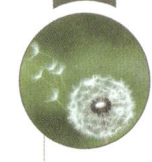

图3-37　宁静的湖水

美的欣赏

三潭印月风光秀丽、景色清幽，是杭州西湖十大美景之一，被誉为"西湖第一胜境"。

中秋之夜，岛屿上的三个石塔挺立水中，灯光从塔中射出，宛如明月倒映在湖中。皓月当空，烟雾笼罩，碧波荡漾，天上月、湖中塔、岸边柳，相互映衬，形成一幅"烟笼寒水月笼纱"的美妙意境，如图3-38所示。

图3-38　三潭印月

美的 体验

观看由英国广播公司（British Broadcasting Corporation，BBC）制作的海洋生物纪录片《蓝色星球2》（见图3-39），感受不同的情境之美。

图3-39 纪录片《蓝色星球2》剧照

同步实训

绿野仙踪：追寻大自然的踪迹

实训导入

《美丽中国：自然》系列节目是由中央广播电视总台英语环球节目中心新媒体编辑部打造的自然类微纪录片。其拍摄区域涉及中国18个省区，从山水、生态、人文等方面，对中国地形地貌、气候特征、珍稀野生动植物的生存现状进行真实记录，展现了中华大地之美、生态之美和人文之美，带领观众领略中国的大好河山和神奇物种。

其中，在内蒙古·蒙西系列短片中，节目组将镜头对准蒙西，用每集5分钟的时间，围绕沙"海"奇观、大漠生命、贺兰云山、岩上奇羊、沙丘狐影、时空使者、荒漠求生等主题（见图3-40），向大众展现蒙西的生态风光。节目用敬畏的眼光礼赞自然，用平等的视角亲近生物，表达了人与自然和谐相处、命运与共的生存理念。

绵延万里的华夏河山蕴藏了不可估量的价值。请你从自然界中选择一种感兴趣的生物，观察、了解其特征和生存习性，并为其制作资料卡，以个人化的体验来感知和呈现中国极具特色的自然生态和生物多样性，带领大家从不同的视角领略自然之美。

图3-40 《美丽中国：自然》节目剧照

实训要求

本次实训具体有以下要求。

（1）准确查找资料，并对搜集的资料进行分类整理。

（2）内容充实，条理清晰，从多角度分析所选生物的外在特征和生活习性。

（3）介绍研究成果时声音洪亮，吐字清晰，表达流畅。

（4）小组内分工合理，配合密切。

实训步骤

1. 自由分组，合理分配任务

学生自由分组，4~6人为一组，并填写"任务分配表"，见表3-1所列。

表3-1 任务分配表

班级		组号		指导教师	
小组成员	姓名	学号		任务分工	
组长					
组员					

2. 确定研究对象，深入调查研究

每小组各选择自然界中的一种生物作为研究对象。通过实地调查或查找相关资料了解其生存环境，深入探究、整理归纳其外在特征和生存习性，并记录下来，见表3-2所列。

表3-2 资料卡

研究对象	
类别	
外形特征	
生存习性	
生活环境	
其他	

3．班级内分享研究成果

各小组分别派代表对所选生物进行介绍，可以在实地调研时拍摄照片或短片，以此来辅助介绍，力图激发观者对于自然生物的保护意识。

4．评选优秀作业

在班级内评选出优秀作业，分享调查研究过程中的心得体会，并收集、整理教师和同学们的意见、评价。

实训评价

请教师对学生在本次实训过程中的表现与实训完成情况进行评价，见表3-3所列。

表3-3 评分表

考核内容	评分标准	分值	得分
知识与技能（70%）	能准确查找所选生物的资料并进行分类整理	15	
	能准确分析所选生物的外在特征	15	
	能准确分析所选择生物的生活习性	15	
	能准确分析所选生物所处的生活环境	15	
	能将研究成果准确、生动地进行介绍	10	
德育素养（30%）	能积极培养自己欣赏自然美的能力	10	
	能够关注自然遗产，形成保护自然的意识	10	
	具有良好的团队精神和团队协作能力	10	
总评	优□　良□　中□　及格□　不及格□	总分	

备注：总体评价中，90～100分为"优"，80～89分为"良"，70～79分为"中"，60～69分为"及格"，60分以下为"不及格"。

成果检测

请结合本单元的学习情况和实训的完成情况,对本单元的学习成果进行自评、互评,并请教师进行总体评价,见表3-4所列。

表3-4 成果评价表

班级		组号		日期		
姓名		学号		指导教师		
单元名称		曼妙的世界:自然美				
评价内容	评价标准		分值	评价得分		
				自评	互评	师评
知识与技能(40%)	能够正确阐述自然界中常见的事物之美		10			
	能够正确阐述景象美的三种主要类型		10			
	能够正确阐述情境美的四种主要类型		10			
	能够结合实例,说明景象美和情境美的具体表现		10			
过程与方法(30%)	课前认真预习,形成对自然美的初步印象		5			
	积极搜集你认为能体现自然美的实物、图片及音视频等资料		10			
	积极参与课堂互动,高效完成课下活动和同步实训		10			
	课后及时总结并复习		5			
综合素养(30%)	在小组讨论及参与实训活动的过程中,能够表达自身审美感受		15			
	在实践中,与同学协调配合,具备团队协作能力、人际交往能力和分析解决问题的能力		15			
总评	自评(20%)+互评(20%)+师评(60%)			教师(签名):		

备注:可结合学习目标,采用教师评价、学生自评、学生互评、专家点评等方式对本单元的学习情况进行多元化评价。

素质园地

加强生物多样性保护，展现大国担当

　　中国幅员辽阔，陆海兼备，地貌和气候复杂多样，孕育了丰富而又独特的生态系统、物种和遗传多样性。作为最早签署《生物多样性公约》的缔约方之一，中国一贯高度重视生物多样性保护，不断推进生物多样性保护与时俱进、创新发展，取得了显著成效，走出了一条中国特色生物多样性保护之路。

　　2021年10月11日至15日，联合国《生物多样性公约》第十五次缔约方大会（COP15）在云南昆明举行。各国领导人聚首美丽的春城昆明，共商生物多样性保护大计。会议通过了"2020年后全球生物多样性框架"，制定了各国及全球在未来十年甚至更远时间范围内的工作蓝图，帮助人类社会步入正轨，力求在2050年之前实现《生物多样性公约》中"与自然和谐相处"的总体愿景。

　　为加强生物多样性保护，中国正加快构建以国家公园为主体的自然保护地体系，逐步把自然生态系统最重要、自然景观最独特、自然遗产最精华、生物多样性最富集的区域纳入国家公园体系。为推动实现碳达峰、碳中和目标，中国将陆续发布重点领域和行业碳达峰实施方案和一系列支撑保障措施，构建起碳达峰、碳中和"1+N"政策体系。中国将持续推进产业结构和能源结构调整，大力发展可再生能源，在沙漠、戈壁、荒漠地区加快规划建设大型风电光伏基地项目。

　　人不负青山，青山定不负人。生物多样性是人类赖以生存和发展的重要基础，人类必须尊重自然、顺应自然、保护自然，加大生物多样性保护力度，促进人与自然和谐共生。COP15的举办为全球生物多样性治理贡献了更多中国智慧，为推动人与自然和谐共生、保护生物多样性发挥了重要作用。

（资料来源：人民网，有改动）

第四单元 4

极致的追求：生活美

单元导读

自古以来，美好的生活都是人们不懈的追求。华美的服饰、讲究的饮食、劳动者的勤劳创造等，这些生活中的点滴美好总能带给人心灵的愉悦和慰藉。生活美，表现在日常生活的方方面面，体现了人们的创造智慧，融入了人们的审美思想。它不仅能带给人们直接和强烈的审美体验，还能激发人们的生活热情、鼓舞人们的精神、坚定人们的信念。

学习目标

知识目标	了解中国服饰的不同类型及特征 了解中国茶道、酒文化和饮食文化的基本特征 了解劳模精神和工匠精神的本质内涵
能力目标	能够从不同视角感受中国古人的生活智慧 能够弘扬劳模精神和工匠精神
素质目标	提高发现美、鉴赏美、感受美的能力 在实训中，与同学协调配合，提高团结协作能力和解决问题的能力

第一讲　服饰之美

美的 印象

服饰是一种文明，衣冠于人，如金装在佛，追求美的天性驱使人们在几千年的岁月更迭、改朝换代中打造出了绚丽动人的中国衣橱。观看图4-1，说一说你最喜欢其中的哪款服饰，理由是什么。

南北朝女子服饰 　　　唐代中晚期女子服饰 　　　明朝女子服饰

清朝女子服饰 　　　民国女子服饰（一） 　　　民国女子服饰（二）

图4-1　我国女子传统服饰

美的 视窗

一、中国古代服饰

我国古代服饰历经千年，在不同时代呈现出不同特色，或惊艳，或秀美，或飘

逸，或开放，值得我们探究和传承。

1. 大气华美的秦汉服饰

秦汉时期的服饰，以袍为贵。袍服属汉族服装古制，均用绢（丝织品）制作而成。秦始皇在位时，规定官至三品以上者，着绿袍、深衣；平民穿白袍。汉代四百年来，一直用袍作为礼服。袍多为大袖子，袖口有明显的收敛，领子一般裁成鸡心式，穿时露出里面的衣服，衣领和袖口都饰有花边；女子袍服有曲裾袍和直裾袍两种，两者的不同之处在于曲裾的裾是绕在身上的，直裾的裾是垂直于地面的，如图4-2所示。秦汉袍服的特点是隆重、大气、华美，以黑色为尊。

秦代男子袍服 　　汉代男子袍服 　　曲裾袍 　　直裾袍

图4-2　秦汉袍服

秦汉时期的女子服饰样式除了袍，还有襦（短衣）裙和"三重衣"，如图4-3所示。襦裙一般上短下长，袖子较窄，另在裙腰两端缝上绢带，以便系结。"三重衣"则通身紧窄，下长拖地，衣服的下摆多呈喇叭状，行不露足；因其领口很低，有时露出的衣领多达三重以上，故称"三重衣"。

襦裙

三重衣

图4-3 秦汉女子服饰

2. 风流洒脱的魏晋南北朝服饰

魏晋时期，人们追求自由自在，思想上突破了传统束缚，因此在服饰上形成了宽衣博带的风格。这一时期的男子服饰主要是大袖衫，长衣大袖，袖口宽敞，另有对襟式衫，可开胸而穿，不系衣带，颇具洒脱和娴雅之风；该时期的女子服装也都以宽博为主，女子所穿大袖衫的特点：对襟、束腰，衣袖宽大，两腋上收线成弧形，下垂过臀，袖口缀有色条边，如图4-4所示。

男子大袖衫　　　　　　　　　女子大袖衫

图4-4 魏晋大袖衫

南北朝时期女子所着长裙式样很多，色彩丰富，有间色裙、绛纱复裙、丹碧纱纹双裙等；腰间有帛带系扎，有的还在腰间缠一条围裳，用来束腰。此外，还有一种叫"杂裾垂髾"的女服，其特点是在衣服上饰有"襳髾（xiān shāo）"（襳是指从围裳中伸出来的飘带，髾是指固定在衣服下摆部位的一种尖角形装饰物），如图4-5所示。

长裙　　　　　　　　　　杂裾垂髾

图4-5　南北朝女裙

3. 自由开放的唐代服饰

唐代是中国封建社会的鼎盛时期，尤其是贞观、开元年间，政治气候宽松，人们安居乐业，文化交流频繁，使得唐代的绘画、雕刻、音乐、舞蹈等艺术吸收了外来的技巧和风格。在服饰方面，对异国衣冠服饰也兼收并蓄，这使唐代服饰发展得更加鲜艳夺目。此外，妇女地位的提高，为当时的服饰文化带来了新的革命，也为后世留下了璀璨的文化珍宝。

唐代女子着装

唐代最流行的女子服饰是襦裙，这一时期的襦裙为短上衣加长裙，裙腰用绸带系得很高，几乎到腋窝下面；同一时期，半臂在宫廷中出现并流传开来，它是最能体现唐人服饰前卫性特征的一款服饰，它有对襟、套头、翻领或无领等式样，袖长齐肘，衣长及腰，用小带子在胸前结住，如图4-6所示。

襦裙　　　　　　　　　　半臂

图4-6　唐代女子衣裙

配饰方面，唐代流行披帛，它是用带有花纹的薄纱制成的长巾，其一端披搭肩上，另一端旋绕于手臂间；还流行帷帽和金饰，其中帷帽是一种高顶宽檐笠帽，帽檐一周有薄而透的面纱，而金饰有金钗、金簪等，金饰上的纹饰多种多样，雕镂精

美，工艺精湛，如图4-7所示。

披帛

帷帽

金饰

图4-7 唐代女子配饰

二、美丽的民族服饰

我国55个少数民族所处的地理环境、气候及风俗习惯等均有差异，经过长期的发展，形成了不同风格的具有鲜明特色的民族服饰。

1. 潇洒美观的蒙古族服饰

蒙古族男女老幼一年四季都喜欢穿长袍，俗称"蒙古袍"。人们春秋穿夹袍，夏季穿单袍，冬季穿皮袍、棉袍。蒙古袍的特点是宽大袖长，高领右衽（rèn），袍子的边沿、袖口、领口等处多以绸缎花边，用"盘肠""云卷"图案，或虎、豹、水獭、貂鼠等动物的皮毛作为装饰，看起来英气勃发，十分美观，如图4-8所示。

蒙古族男子通常会在腰带上挂上"三不离身"的蒙古刀、火镰和烟荷包，既实用又潇洒；女子则喜欢佩戴带有玛瑙、珍珠、珊瑚、宝石、金银玉器的头饰，华美异常。

图4-8　蒙古族服饰

2. 色彩强烈的藏族服饰

藏族服饰的基本特点是长袖、宽腰、大襟，直线宽边，色彩对比强烈，如图4-9所示。男女藏袍均以粗纺厚毛呢为料，左襟大，右襟小，一般在右腋下钉一个纽扣，或用红、蓝、绿、雪青等色布做两条飘带，穿时系结。春夏两季的女式藏袍无袖，里面多衬有红、绿等色彩鲜艳的衬衣，衬衣翻领在外，衣袖长于手掌，长出部分，平时卷起，舞蹈时放下，显得舒展飘逸，潇洒自如。

藏族男女均喜欢佩戴饰品，一般耳穿大环、手戴金银、顶戴珠链，男性腰间常佩戴精制的藏刀。

图4-9　藏族服饰

3. 飘逸精致的维吾尔族服饰

维吾尔族是一个能歌善舞的民族，其服装一般比较宽松。男装主要有长外衣、长袍、短袄、上衣、衬衣、腰巾等；女子则喜欢穿色彩艳丽的连衣裙，外穿绣花背心，并以耳环、戒指、手镯、项链等饰物点缀，跳起舞来异常动人，如图4-10所示。此外，男女皆喜欢头戴绣花小帽，看起来活泼生动。

手工刺绣是维吾尔族的传统工艺，他们的衬衣、背心及小帽上均绣有精美的花纹图案，非常有民族特色。

图4-10 维吾尔族服饰

4. 精妙夺目的苗族服饰

苗族服饰以夺目的色彩、繁复的装饰和耐人寻味的文化内涵著称于世，显示出鲜明的民族艺术特色。

苗族男子服饰多为对襟或大襟，下装为长便裤，衣裤都很宽大，颜色多为青色；苗族女子服饰的上衣宽大，衣领交叉叠于胸前，衣领、袖口、衣摆等处点缀颜色艳丽、制作精美的纹饰，下装是很有特色的"百褶裙"，裙褶很多，显得优雅灵动，如图4-11所示。

图4-11 苗族服饰

苗族服饰中少不了银饰，苗族银饰品种繁多且多为纯手工制作，在绣衣上钉银饰制成的银衣是苗服中的精品。银衣的前襟、后背、衣袖、下摆等位置有各种形状的银片、银铃等，摇曳生辉，精妙夺目。苗族姑娘胸前常佩戴硕大的银锁，其制作精美，饰有龙、狮、鱼、蝴蝶、绣球等纹样，意在祈求平安，故俗称"长命锁"，如图4-12所示。

图4-12 苗族银饰

美的 欣赏

欣赏电视剧《延禧攻略》中的精美戏服（见图4-13），品味服饰中的细节和工艺。

图4-13　电视剧《延禧攻略》中的精美戏服

《延禧攻略》中出现了多项非物质文化遗产（见图4-14），具体内容如下：

（1）刺绣，俗称"针绣""扎花""绣花"，有"打籽绣""盘金绣""盘绳绣""珠绣""圈金"等多种工艺。

（2）缂（kè）丝，是中国传统丝绸艺术品中的精华，其织造工艺极其复杂，存世精品极为稀少，在业界享有"一寸缂丝一寸金""织中之圣"等名号。

（3）绒花，始于唐代，谐音"荣华"，是富贵的象征，武则天时期被列为皇室贡品。绒花以蚕丝和铜丝为主要原料，经过近十道工序加工而成。

（4）点翠，是一项中国传统金银首饰制作工艺，具有点缀美化金银首饰的作用，汉代时就已出现。点翠工艺主要用到的材料是翠鸟的羽毛，而翠羽必须从活的翠鸟身上拔取，才可以保证其颜色鲜艳华丽。后来，点翠由于制作工艺残忍而由烧蓝工艺取代，如今正慢慢淡出人们的视线。

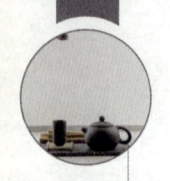

刺绣　　　　　　　缂丝　　　　　　　绒花　　　　　　　点翠

图4-14　《延禧攻略》中的非物质文化遗产

美的 体验

图4-15　中国华服日标志

2020年农历三月初三，由中国青少年新媒体协会等主办的第三届"中国华服日"（标志见图4-15）线上晚会开幕。本次晚会以"与子同袍，共克时艰"为主题，以网络直播结合系列线上活动的方式开展，邀请嘉宾进行华服走秀和歌舞表演，用一场中国传统文化盛典来弘扬"岂曰无衣？与子同袍"的民族精神。

查找"中国华服日"的相关资料，举办一场以"华服"为主题的班级活动，请同学们说说自己对华服的理解，感兴趣的同学可着华服参加，身体力行地传承华服之美。

第二讲　饮食之美

美的 印象

　　我国古代将"柴、米、油、盐、酱、醋、茶"并称为"开门七件事"。茶在人们生活中的重要性可见一斑。在我国，不仅文人墨客以品茶为乐，喜欢以茶会友，普通百姓的生活也是日日离不开茶。饮茶（见图4-16）作为一种休闲生活方式，能让人感受到生活的轻松、舒适和惬意。请问你爱喝茶吗？对于茶，你有什么样的认识？

图4-16 茶具和茶艺

美的 视窗

一、茶道

我国茶文化源远流长，博大精深，是千年沉淀的文明产物。茶，根植于中华大地，是中华文明发展的见证者，也是中外文化交流的使者，包含了深厚的文化底蕴。

饮食之美——茶

1. 茶叶种类

我国茶叶品种繁多，竞相争艳，诸多品种中的名茶在国际上享有很高的声誉。

以茶叶初加工工艺中鲜叶是否经过酶性氧化及氧化程度为标准，茶叶可分为不发酵茶（绿茶）、轻发酵茶（白茶、黄茶）、半发酵茶（青茶）、全发酵茶（红茶）和后发酵茶（黑茶）。

绿茶色泽翠绿，冲泡后，茶汤黄绿澄澈，茶香清新高扬，入口鲜醇爽口，代表品种有西湖龙井、洞庭碧螺春、信阳毛尖、六（lù）安瓜片（见图4-17）等。

图4-17 六安瓜片

白茶，芽叶壮嫩，形态自然，白毫满披，冲泡后汤色橙黄或深黄，香气鲜纯，滋味醇爽，代表品种是白毫银针（见图4-18）；黄茶具有"黄叶黄汤"的特点，代表品种有君山银针（见图4-19）、蒙顶黄芽。

图4-18　白毫银针　　　　　　　　　图4-19　君山银针

青茶又名"乌龙茶"，主要产于福建、广东等地，其色泽青褐，冲泡后具有特殊的香气和韵味，代表品种有安溪铁观音、大红袍（见图4-20）、冻顶乌龙；红茶冲泡后的茶汤和叶底呈红色，代表品种是祁门红茶（见图4-21）；黑茶代表品种是普洱茶（见图4-22），其汤色红褐、明亮、洁净，香味醇厚。

图4-20　大红袍　　　　图4-21　祁门红茶　　　　图4-22　普洱茶

2. 茶艺

饮茶主要包括欣赏泡茶的手法、遵循品茶的程式、感受舒适的环境和轻松的气氛，即所谓"酌清饮静，享受生活，品味人生"。

不同历史时期人们的饮茶方式不同，从唐代煮茶到宋代点茶再到明清冲泡茶，茶艺随着历史的发展也在不断演变。

古代茶艺较为风雅，追求精俭清和。唐代及之前较为普遍的饮茶方式是煮茶，即直接将茶叶放在锅中烹煮，茶汤煮好之后斟入众人的茶碗中，以示同甘共苦。到了宋代，饮茶方式演化成点茶，主要用于斗茶，即将饼茶碾磨成粉末，置于碗中，以沸水冲点入碗，以茶筅（打茶的工具）用力击打，使茶末溶于水，并渐起沫饽（茶水煮沸时产生的浮沫）。斗茶的胜负以沫饽的颜色和水纹露出快慢来评定，沫饽洁白、水纹慢出而不散者为上。

明清时期的茶艺起到了承上启下的作用，其冲泡方式的茶艺成为主流并延续至今。冲泡的过程基本有烫杯—倒水—置茶—注水—倒茶—分茶—奉茶—闻香—品茶—清渣—洗器这几个步骤。

欣赏现代茶艺时，可以欣赏凤凰三点头、高冲低斟的冲泡方法，也可以欣赏精美的茶具、斟茶的技巧等，如图4-23所示。这些泡茶的技艺和品茶的艺术可以给人带来视觉、嗅觉、味觉和触觉等全方位的享受。

高冲低斟　　　　　　　　　　　精美茶具

斟茶技艺

图4-23　茶艺

二、酒德

我国是世界上最早酿酒的国家之一，也是世界三大酿造酒（黄酒、啤酒、葡萄酒）的发源地之一。在我国，酒很早就摆脱了单纯的食用价值，而上升为一种饮食文化——酒文化。

饮食之美——酒

1. 酒与文学

自古以来，诗酒同风。在我国的诗歌中，到处都可以"看"到酒的影子，"闻"到酒的醇香。如果没有酒，就不会成就陶渊明的"田园诗酒"、岑参的"边塞诗酒"、李白的"浪漫诗酒"、杜甫的"民间诗酒"。

在我国最早的诗歌总集《诗经》中，就有不少以酒为主题的篇章，其中提到的"醉酒饱德"观点，认为君子当"醉而不失态，醉而不损德"，对后世影响深远。

唐宋诗人也多以酒酿诗，其代表人物当推"斗酒诗百篇"的李白（见图4-24），他的诗将饮酒的情趣表现得淋漓尽致，譬如"看花饮美酒，听鸟临晴山""且就洞庭赊月色，将船买酒白云边"等，可谓诗酒共风流。

图4-24　李白饮酒作诗

2. 酒之礼仪

现代酒礼的一般原则是"长者在先，宾客优先，女士优先"，这既显示了对中华民族传统美德的继承，又摒弃了封建礼教的约束，废除了男尊女卑的陈规陋习，形成了新的风尚。敬酒时应遵循"长者为先，幼敬上，小敬大"之礼。从首席开始，其后按照顺时针方向，依次敬酒，或按照年龄老幼、就近为序，或以疏为先、以亲为后。

此外，参加酒席一般不要提前离席，如有急事需提前离席，应首先与主人解释清楚离席的原因，再向在席宾客表示歉意，最后慢慢离席，以示不舍。当有宾客离席时，主人应快步走出，在门外送客。

三、美食

饮食之美——食

我国是一个崇尚饮食文化的国家，没有其他任何一个国家的美食像中国这样品类繁多。几千年来，我国饮食调味精益、膳食繁盛、肴器华贵、烹饪技艺巧妙，堪称举世无双，处处体现着中华文化的精要，是中华民族的绚丽瑰宝，也是人类文明史上重要的文化遗产。

自古以来，平民饮食、官府菜和宫廷饮食等都各有特色，在用料、技艺、排场及风格等方面，均存在着明显差异。

平民饮食简单、朴实、不奢华矫饰，家常味道浓厚，人们或入山林采鲜菇嫩叶、捕飞禽走兽，或就河湖网鱼鳖蟹虾、捞莲子菱藕，或居家烹宰家禽家畜，或下地择禾黍麦粱、野菜地瓜，随见随取，随食随用。选材随意，烹法也简单易行。一般是因材施烹，煎炒蒸煮、烧烩拌泡、脯腊渍炖，皆因时因地。

官府菜兴盛于明清时期，品高质优，即使是普通食材，也烹制得异常精致。因此，官府菜又称"功夫菜"。例如，黄焖鱼翅（见图4-25），从发料到成菜需要两至三天时间。

图4-25　黄焖鱼翅

宫廷饮食是我国饮食文化的最高层次，以御膳为中心，充分展示了我国饮食文化的博大精深，体现了帝王饮食的华贵尊荣、精细奢华、程仪庄严。宫廷菜的特点是非常注重文化内涵，食器精美，菜名风雅。例如，清代宫廷宴会上，皇帝及皇室成员所用食器多为金银、玉石、象牙器皿，这些食器一般都有专名，如"大金盘""青白玉无盖葵花盒""双凤金碗盖""大紫龙蝶金盖"等。又如，宫廷菜肴都会被赋予吉祥的名字，如"金凤呈祥""宫门献鱼""鹤鹿同春""百鸟朝凤"等，以此彰显宫廷菜的典雅高贵、内涵丰富。

美的欣赏

在浩瀚的历史长河中，能把饮酒写得酣畅淋漓、神采飞扬的，非"诗仙"李白莫属。朗诵李白的《将进酒》，欣赏酒与文学的完美融合。

君不见黄河之水天上来，奔流到海不复回。
君不见高堂明镜悲白发，朝如青丝暮成雪。
人生得意须尽欢，莫使金樽空对月。
天生我材必有用，千金散尽还复来。
烹羊宰牛且为乐，会须一饮三百杯。
岑夫子，丹丘生，将进酒，杯莫停。

与君歌一曲，请君为我倾耳听。
钟鼓馔玉不足贵，但愿长醉不复醒。
古来圣贤皆寂寞，惟有饮者留其名。
陈王昔时宴平乐，斗酒十千恣欢谑。
主人何为言少钱，径须沽取对君酌。
五花马，千金裘，呼儿将出换美酒，与尔同销万古愁。

美的体验

我国烹饪无比神秘、难以复制，厨艺的传授遵循口耳相传、心领神会的传统方式，祖先的智慧、家族的秘密、师徒的心诀、食客的领悟，美味的每一个瞬间，都需要用心创造、代代传承。观看纪录片《舌尖上的中国》第二季第三集《心传》（见图4-26），体会厨师精湛技艺的传承，感受中国味觉艺术的非凡史诗。

图4-26 《舌尖上的中国》宣传照

第三讲　劳动之美

美的 印象

> 知识是从刻苦劳动中得来的，任何成就都是刻苦劳动的结晶。
>
> ——宋庆龄
>
> 伟大的成绩和辛勤的劳动是成正比例的，有一分劳动就有一分收获，日积月累，从少到多，奇迹就可以创造出来。
>
> ——鲁迅

美的 视窗

　　人生在勤，不索何获？怀古溯今，"劳而所获"一直是中华儿女崇敬的品质。几千年来，中华儿女用辛勤、诚实、创造性的劳动将光荣、崇高、伟大和美丽刻画得淋漓尽致。

　　劳动创造一切，劳动之美取决于劳动的本质，突出表现在劳模精神和工匠精神上。

一、劳模精神

"劳动模范"简称劳模,是指在社会主义建设事业中成绩卓著的劳动者,是经职工民主评选、有关部门审核和政府审批后被授予的荣誉称号。劳模精神是指"爱岗敬业、争创一流、艰苦奋斗、勇于创新、淡泊名利、甘于奉献"的劳动模范的精神,它集中体现了中国工人阶级的先进思想和精神风貌的优秀品质。虽然每个时代的劳模都有其特点,但无论时代如何变迁,劳模精神的本质永远都不会改变。

现今,我国各行各业涌现出来的劳动模范,既体现了劳动者的勤劳创造之美,展现了劳动者追求卓越之美,也凸显了劳动者的爱岗敬业之美。

二、工匠精神

工匠精神属于职业精神的范畴,是从业人员的一种职业价值取向和行为表现,与其人生观和价值观紧密相连,是其从业过程中对职业的态度和精神理念。具体而言,它是从业人员,尤其是工匠们,对产品精雕细琢、精益求精的理念,是不断地雕琢产品、改善工艺的过程。工匠精神的核心是对品质的追求,工匠精神的目标是打造本行业的精品。其基本内涵包括全身心投入的敬业精神、追求卓越的精益精神、持之以恒的专注精神和追求突破的创新精神。

工匠精神之美,美在精于工、匠于心、品于行。在加快制造强国建设的过程中,我们要将精益求精、不懈创新、笃实专注的工匠精神融入现代工业生产与管理实践,夯实基础,补齐短板,加快形成中国制造新优势,打造中国制造新名片。

美的 欣赏

下面请同学们欣赏各行各业劳动者的风采(见图4-27至图4-30),感受劳动之美。

> 4名高空作业工人如"蜘蛛侠"般轻盈地贴在墙体上,他们娴熟的动作就像跳动的音符。

图4-27 高空作业工人

在山东省荣成市爱伦湾海域，渔民正迎着朝霞收获海带。

图4-28　渔民

大雪纷飞，交警依然坚守岗位，确保降雪天气条件下道路的安全、畅通，最大限度保障人民群众的生命财产安全。

图4-29　警察

贵阳市乌当区境内高铁铁路工地上，一群铁路建设者正奋战在一线。他们在转战下一段工地途中，回望已建成的高铁轨道，脸上洋溢起了笑容。

图4-30　铁路建设者

美的体验

开展"向劳动致敬"农耕文化体验活动。就近选择合适的农田，开展采摘水果、挖红薯、收玉米等农耕活动，让同学们一起体验劳动的艰辛与乐趣，分享丰收的果实和喜悦。

同步实训

穿越历史，感受古代生活美学

实训导入

中国历来有"茶，兴于唐，盛于宋"的说法，宋代点茶在中国茶艺史上具有极其重要的地位。2022年，电视剧《梦华录》将"点茶""斗茶"等宋代饮茶艺术搬上荧幕，还原了碾茶、热盏、击拂等流程。其中，演员对"茶百戏"的细致演绎更是再现了宋代人们对饮茶精致化、艺术化的极致追求，表现出古人清雅恬淡的情怀志趣和生动活泼的民俗生活（见图4-31）。

图4-31 《梦华录》剧照

宋代是我国古代社会经济高度发展的时期，为宋人追求良好生活提供了充足的条件。宋人吴自牧曾在其笔记《梦粱录》中记载："烧香点茶，挂画插花，四般闲事，不宜累家。"宋代文人雅士透过嗅觉、味觉与视觉来品味日常生活，将日常生活提升至艺术境界，体现出宋人闲适、雅致的生活情趣。

不同时代的经济状况、哲学思潮及社会环境形成了不同风格的生活美学。请你选择感兴趣的朝代，探究这一朝代独特的美学特性，并带领大家一同感受中国古人的生活智慧，领悟中国古代生活美学的内在价值。

实训要求

本次实训具体有以下要求。

（1）准确查找所选朝代的历史资料。

(2)灵活运用课堂所学知识对资料进行分类整理。

(3)内容充实,条理清晰,从多角度分析所选朝代的生活美学特点。

(4)介绍研究成果时声音洪亮,吐字清晰,表达流畅。

(5)小组内分工合理,配合密切。

实训步骤

1. 自由分组,合理分配任务

学生自由分组,4~6人为一组,并填写"任务分配表",见表4-1所列。

表4-1 任务分配表

班级		组号		指导教师	
小组成员	姓名	学号	任务分工		
组长					
组员					

2. 确定研究对象,深入调查研究

每小组各选择一个朝代作为研究对象。通过查找相关资料了解这一朝代的历史背景,深入探究、整理归纳人们在衣、食、住、行等不同方面的美学特点,并记录下来,见表4-2所列。

表4-2 资料整理

研究对象	
历史背景	
衣	
食	

（续表）

住	
行	
总结	

3. 分享研究成果

各小组分别派代表对所选朝代的生活美学特点进行介绍，可以借助PPT或视频等多媒体手段辅助介绍。

4. 评选优秀作业

在班内评选出优秀作业，分享调查研究过程中的心得体会，并收集、整理教师和同学们的意见、评价。

实训评价

请教师对学生在本次实训过程中的表现与实训完成情况进行评价，见表4-3所列。

表4-3　评分表

考核内容	评分标准	分值	得分
知识与技能（70%）	能准确查找所选朝代的历史资料	15	
	能运用所学知识对资料进行分类整理	15	
	能从不同角度准确分析该朝代的生活美学特点	15	
	能对该朝代的生活美学特点进行总结	15	
	能将研究成果准确、生动地进行介绍	10	
德育素养（30%）	积极培养自己欣赏生活美的能力	10	
	积极探索，领会中国古人的生活智慧	10	
	具有良好的团队精神和团队协作能力	10	
总评	优□　良□　中□　及格□　不及格□	总分	

备注：总体评价中，90~100分为"优"，80~89分为"良"，70~79分为"中"，60~69分为"及格"，60分以下为"不及格"。

成 果 检 测

请结合本单元的学习情况和实训的完成情况,对本单元的学习成果进行自评、互评,并请教师进行总体评价,见表4-4所列。

表4-4 成果评价表

班级		组号		日期			
姓名		学号		指导教师			
单元名称		极致的追求:生活美					
评价内容	评价标准			分值	评价得分		
					自评	互评	师评
知识与技能（40%）	能够讲解中国秦汉服饰、魏晋南北朝服饰和唐代服饰的基本特点			5			
	能够举例说明中国具有特色的民族服饰			5			
	能够正确阐述中国茶道、酒文化和饮食文化的基本特点			10			
	能够对生活中的服饰之美和饮食之美进行鉴赏			10			
	能够寻找生活中的爱岗敬业的模范代表,领悟劳模精神和工匠精神的本质内涵			10			
过程与方法（30%）	课前认真预习,形成对生活美的初步印象			5			
	积极搜集你认为能体现生活美的实物、图片及音视频等资料			10			
	积极参与课堂互动,高效完成课下活动和同步实训			10			
	课后及时总结并复习			5			
综合素养（30%）	在小组讨论及参与实训活动的过程中,能够表达自身审美感受			15			
	在实践中,与同学协调配合,具备团队协作能力、人际交往能力和分析解决问题的能力			15			
总评	自评（20%）+互评（20%）+师评（60%）				教师（签名）:		

备注:可结合学习目标,采用教师评价、学生自评、学生互评、专家点评等方式对本单元的学习情况进行多元化评价。

素质园地

中国瓷器的一带一路情缘

2021年4月至7月,《海上丝绸之路的故事——中国销往欧洲纹章瓷器精品展》在国家海洋博物馆展出。一件件华美瑰丽、兼具中西文化特色的瓷器,讲述着中国瓷器经由古丝绸之路走向世界的历史。近年来,在中外考古人员的通力合作下,有关瓷器的研究发现不断刷新着人们对海上丝绸之路的认知。

2016年,故宫博物院与英国杜伦大学签署合作协议,双方在共建"一带一路"框架下,就中东、欧洲和印度洋地区的考古以及该地区出土的中国瓷器等文物资料进行合作研究。几年来,在中国、印度、阿联酋等地区的遗址,双方团队多次联合进行考古发掘和文物整理工作。2019年,中英联合考古团队整理了10余件中国唐代至宋代早期陶瓷残片,它们出土于西班牙萨拉戈萨、阿尔梅里亚和巴伦西亚等地。杜伦大学考古系教授克里斯·杰拉德介绍,这一重大发现从物质文化角度证明,早在唐代,中国与地中海地区就有丰富的文化与经济交流,改变了欧中陶瓷贸易始于明代的传统观点,为人们重新理解海上丝绸之路提供了重要线索。

2021年6月26日至27日,故宫博物院与杜伦大学合作举办学术研讨会,来自中英法三国的学者介绍了最新研究成果。杜伦大学考古系德里克·康奈特博士表示,从非洲、波斯湾到印度,印度洋沿岸的每一处遗址中几乎都发现了中国陶瓷的存在。这是考古学上非常重要的现象,需要中西方学者共同合作研究。英方与中国故宫博物院、北京大学、山东大学等机构合作,发挥各自专业优势,为研究海上丝绸之路沿线的经济社会发展带来新的视角和成果,有助于更好地理解中国在古代印度洋贸易中发挥的作用。康奈特说:"丝绸之路将各国研究者联系在一起,我们在工作中建立了情谊,多了不少好朋友、好伙伴。"

(资料来源:中国共产党新闻网,有改动)

第五单元 5

心灵的旋律：艺术美

单元导读

艺术是反映自然和生活的一种文化类型。艺术家运用画笔、刻刀、镜头等媒介把从现实世界中得到的启示表现出来，一件件旷世奇作由此诞生。优秀的艺术作品能够激发人们对生活的热爱，振奋人们的精神。因为各种艺术作品都是以审美为目的进行创作的，所以对艺术作品的欣赏从一定意义上讲，也是一种美的感受与体验活动。

学习目标

知识目标
了解不同艺术门类的基本特征
掌握欣赏不同艺术作品的方法
了解中国及其他国家的优秀艺术作品

能力目标
能运用所学知识赏析经典艺术作品，领略艺术之美

素质目标
树立正确的审美观，提升艺术审美能力
在实训中，与同学协调配合，提高人际交往能力和解决问题的能力

第一讲　音乐之美

美的 印象

音乐是我们日常生活中最常接触的一门艺术。开心时我们喜欢听欢快的音乐，沮丧时我们喜欢听低沉的音乐，浮躁时我们喜欢听舒缓的音乐。音乐能够让人放松心情。相信大部分同学都有自己喜欢的歌手和歌曲，对音乐的美也有自己的体会。

美的 视窗

一、音乐艺术的美

音乐艺术之所以美，之所以扣人心弦，让人如痴如醉，是因为其具有很强的抒情性和节奏性。

音乐的抒情性来源于其特殊的表现手段。音乐可以通过力度的强弱、节奏的快慢、音色的变化等多种方式，来表现人们复杂多变的内心情感。由于音乐具有抒情的基本属性，因此在创作和欣赏音乐时，总是离不开强烈的情感体验，这恰恰也是音乐艺术的魅力所在。也正因为如此，我们可以感受到《十面埋伏》的热烈，《二泉映月》的哀怨，《平沙落雁》的静美，《汉宫秋月》的悲泣；也可以感受到莫扎特作品的轻灵细腻，贝多芬作品的激情奔放，门德尔松作品的优美典雅，德彪西作品的朦胧伤感。

音乐的节奏性具体是指乐音具有长短、高低、强弱等多种变化组合的形式。节奏是音乐旋律的骨干，也是乐曲结构的要素之一。不同的节奏能创造出不同的表现效果，从而使旋律具有鲜明的个性。不同体裁的音乐，节奏也有所不同。例如，进行曲以偶数拍作周期性反复，节奏鲜明，具有雄劲有力的特点；圆舞曲强调第一拍上的重音，旋律流畅，给人一种活泼欢快、富有朝气的感觉。

二、音乐的分类

音乐的种类很多，从大的方面讲，可以分为声乐和器乐两大类。

1. 声乐

声乐是以人声演唱为主的音乐形式。声为本，情为魂，声情并茂是声乐艺术显著的美学特征，如图5-1所示。歌唱者在深刻理解作曲家和作词者创作意图的基础上，凭借自己的认知体验，通过控制节奏、调整情绪等，将音乐作品的内在特征表现出来，从而更好地传情达意。只有歌唱者的内心情感足够丰富，才能在实际演唱时更好地带动观众的情绪，使观众沉浸其中并产生情感共鸣。

图5-1 声乐表演

声乐的唱法主要有美声唱法、民族唱法、通俗唱法三种类型。

美声唱法（见图5-2）产生于17世纪的意大利，它以音质圆润饱满、音色华丽流畅著称。该唱法依靠科学的呼吸方法和发声方法歌唱，符合人体生理机能的自然规律，因此能减轻由于长期歌唱所造成的声带负荷过重与磨损，从而有效延长声带的使用时间。五四运动以后，美声唱法传入中国，对中国声乐艺术的发展起到了巨大的推动作用。

民族唱法（见图5-3）广义上包括进行戏曲、曲艺、民歌表演和演唱带有这三类创作风格的歌曲时所采用的唱法，狭义上则是指演唱民族风格较强的声乐作品时所用的唱法。后者在继承和提炼戏曲、曲艺、民歌等民族传统唱法的基础上，又借鉴了西洋唱法，注重声音的民族性，具有音色真实、明亮，气息较深，声带及喉部肌肉紧张度较大的特点。

通俗唱法（见图5-4）也称"流行唱法"，20世纪30年代在我国得到广泛传播。通俗唱法的声音自然，近似说话，演唱形式以独唱为主，能很好地表现细腻的情感。通俗唱法自然化、生活化的特点，使其深受青年人的欢迎和喜爱。

图5-2　美声唱法 　　　　　图5-3　民族唱法 　　　　　图5-4　通俗唱法

2. 器乐

器乐是指用乐器演奏的音乐。器乐的分类方法有很多：根据演奏时乐器（见图5-5）种类的不同，可以将其分为弦乐、管乐、弹拨乐和打击乐四大类；根据演奏方式的不同，可以将其分为独奏曲、重奏曲、齐奏曲、合奏曲等；从音乐体裁来看，器乐又可以分为序曲、协奏曲、交响曲、组曲、夜曲等。

图5-5　不同的乐器

中国是一个历史悠久的多民族国家，在传统器乐方面有着自己独特的魅力。中国器乐艺术经过长期的发展、转型和流变，现已形成多元的音乐文化，同时伴随着与世界各国的文化交流逐渐走向更广阔的天地。

琵琶（见图5-6）作为一种外来乐器，经丝绸之路传入我国，在中国传统文化的浸润下，逐渐发展成为具有代表性的中国民族乐器。琵琶的音色刚柔并济，一波三折，跌宕起伏，音断意连，具有浓郁的民族风格。它的泛音在古今中外的各类乐器中独具特色，不但音量大，而且音质清脆明亮，具有较强的穿透力，使人回味无穷。

笛子（见图5-7）又称"横笛"，用竹子制成，是中国乐器中最具有民族特色的吹奏乐器。笛子的音色具有清新圆润、高亢明亮等特点。它的表现力十分丰富，不仅可以演奏出连音、断音、颤音和滑音等效果，还可以表达不同的情绪，无论舒缓、平和，还是急促、跳跃，都可以通过不同的旋律表现出来。

钢琴（见图5-8）是西方古典音乐中的一种键盘乐器，有"乐器之王"的美称。作为西方文明的代表，它古典、高贵，一度是贵族身份的象征。近代以来，随着工业文明的发展，钢琴制造工艺和演奏技法不断演进，使钢琴的意象也逐渐沾染了世俗的烟火气。现代钢琴的音域宽广，音色多变，表现力极为出色，不但可以用来进行独奏、重奏、合奏、伴奏等，而且是中外各国音乐创作和听觉训练中必不可少的基础乐器之一。

小提琴（见图5-9）是一种弦乐器，靠弦和弓摩擦发出声音。其声音接近于人声，且音域宽广，能表现出丰富的音色效果和细腻的音色变化，既可以展现阴柔之美，演奏出含蓄典雅、忧郁神秘的情调，又可以展现中庸之美，演奏出浑厚深沉、大气浩然的氛围。近年来，我国音乐家将西方小提琴曲的创作技巧与我国传统音乐创作方法相融合，在表现技法上大胆探索，创造出众多具有代表性的音乐作品，使小提琴的中国民族化创作大放异彩。

图5-6　琵琶

图5-7　笛子

图5-8　钢琴

图5-9　小提琴

三、音乐欣赏的方法

欣赏音乐作品，不仅要具有一定的知识储备和艺术修养，还要掌握正确的欣赏方法。只有这样，才能比较全面地领略音乐作品的内涵，获得艺术享受。

1. 了解作品的时代背景

音乐作品表达了创作者对现实生活的感受，只有了解作品的创作背景，才能深入体会和理解它所包含的思想感情。例如，由黄自作曲、韦瀚章作词的《旗正飘飘》

创作于抗日战争的艰苦时期，反映了中国人民誓死抗敌的决心，表达了创作者强烈的爱国之情。

2. 了解音乐的民族特征

正如俄国作曲家格林卡所说："真正创造音乐的是人民，作曲家只不过是把它们编成曲子而已。"一切音乐作品都植根于民族文化和民间音乐。有些作品只是概括地体现了民族音乐语言的某些特点，有些作品则与具体的民间曲调保持着密切的联系，如电影《白毛女》的插曲《扎红头绳》，就采用了山西秧歌《拾麦穗》的基本曲调。

3. 掌握音乐的艺术语言

音乐作为一种独特的艺术形式，有自己独特的艺术语言。音乐语言包括很多要素，如旋律、节奏、速度、力度、音色、和声、调式、调性等。一部音乐作品的思想内容和艺术美，都要通过音乐的语言来表现。因此，了解和熟悉音乐的艺术语言，对于正确、深入地欣赏音乐大有裨益。

4. 了解音乐作品的曲式、体裁

曲式是音乐材料的排列样式，也就是乐曲的结构布局。曲式有一部曲式、二部曲式、三部曲式、复三部曲式、变奏曲式和奏鸣曲式等不同类型。

体裁是音乐的表现形式，用以表现不同的音乐题材和内容，如序曲、协奏曲、交响曲、组曲、夜曲、幻想曲、狂想曲等。

了解音乐作品的曲式、体裁等知识，对于欣赏音乐也有很大帮助。

美的欣赏

一、《十面埋伏》

《十面埋伏》又名《淮阴平楚》，是以楚汉相争的历史为题材创作的琵琶独奏曲。乐曲采用叙述性的表现手法，由13段带有小标题的段落构成，运用杰出的音乐技法表现了古代紧张、激烈、残酷的战争场面。其旋律壮丽辉煌，风格雄伟奇特，在古典音乐中十分罕见。

从表现形式上看，《十面埋伏》虽是武曲，但刚柔相济，既发挥了武曲擅长表现强烈气氛的优势，又注重弹奏时刚度与柔度的协调性，表现出对楚军和项羽的关怀之意，以及对战争造成的众多殒命者的痛悯，使一幅幅生动感人的古战场画面跃然眼前。

此外，该曲还对战场上的多种声音进行了模拟，如通过琵琶面板拍弹来模拟放炮的轰鸣声，以此营造出身临古战场的情境，引发人们的联想和情感共鸣。

《十面埋伏》作为中国大型琵琶曲的代表作品，几乎包含了琵琶演奏的所有技法，是诸多艺术家集体智慧的结晶，展现出中国古代民族器乐优秀的艺术表现力。

二、《二泉映月》

《二泉映月》是民间音乐家华彦钧（阿炳）的代表作品，也是二胡曲目中的经典作品。该乐曲意境深邃，悲切凄凉，细腻地表达了一位长时间生活在社会底层，饱受风霜，尝尽人生冷暖的民间盲人音乐家的真切情感，展示了独特的民间演奏技巧，是中国民间器乐创作曲目中的瑰宝。

《二泉映月》共有6个段落，属变奏曲式结构，由3个乐句组成的主题经5次变奏而成。悲伤的感情基调贯串于整首乐曲之中，在经过多次变奏后不断深化。音乐深沉有力，感人至深，将社会底层人物的悲切、无奈、愤慨和艰辛表现得淋漓尽致，同时也表达了创作者内心的豁达以及对生命的感悟。此作品展现了二胡独特的艺术魅力，于1993年被评为"20世纪华人音乐经典作品"。

三、《黄河大合唱》

《黄河大合唱》以黄河为背景，共采用了7种不同的演唱形式。全曲热情歌颂了中华民族的悠久历史，控诉侵略者的残暴，展现了中国人民与日本侵略者奋勇斗争的场面，勾画出中国人民保卫祖国、顽强抗击侵略者的壮丽画卷。

该曲共包括序曲和8个乐章，并由诗朗诵和乐队演奏将各乐章连成一个整体。但不同乐章从内容到音乐形象又具有相对的独立性，使各乐章形成鲜明对比。该作品以"抗日"和"爱国"为主题，从深厚的情感和感人的艺术形象上一步步展开，直至宏伟的终曲，使激奋的感情发展到了最高点。

《黄河大合唱》虽然不像歌剧那样有完整的故事情节，但它有一个严密的戏剧性构思，以此形成了强烈的矛盾冲突。最初人与自然的搏斗，为后半部分中华民族与日本帝国主义之间的矛盾做了铺垫，表现出中国人民的英勇顽强，具有鲜明的民族特色。

美的 体验

2018年的农历大年初一，在央视播出的《经典咏流传》节目中，已经88岁的中国第一代钢琴家巫漪丽上台弹奏了一首经典乐曲《梁祝》，行云流水般的演奏仿佛让整个世界都安静了下来。一个家喻户晓的爱情故事，一首唯美动听的曲子，结合大师的倾情演绎，成就了一段经典传奇。请你欣赏巫漪丽演奏的《梁祝》，体会传统故事和现代音乐的融合，感受天籁之音带来的震撼。

第二讲 舞蹈之美

美的 印象

2022年央视春节联欢晚会上，舞蹈《只此青绿》（见图5-10）为观众献上了一场视觉盛宴：十几名身着青绿衣、长袖飘逸、发髻高耸的舞蹈演员在青山绿水中起舞，她们的舞姿刚柔并济，张弛有度，展现了中国古典舞蹈的艺术魅力。

图5-10 舞蹈《只此青绿》

美的 视窗

一、舞蹈艺术的美

舞蹈是以经过提炼加工的人体动作为主要表现手段，通过节奏、服装、道具等舞蹈构成要素，塑造出具有直观性和动态性的舞蹈形象，表达人们思想感情的一种艺术形式。

舞者伴随音乐翩翩起舞，时而柔美抒情（见图5-11），时而舒展有力（见图5-12），让人感觉优雅而震撼。舞蹈艺术的美是多方面的，主要表现在它的动态性、抒情性、表演性和形象性上。

图5-11　柔美抒情的舞蹈动作　　　　图5-12　舒展有力的舞蹈动作

舞蹈艺术的美首先表现在动态性上。所谓动态性，是指舞蹈以人体的躯干和四肢为主要工具，并通过各种动作姿态和造型来形象地反映客观事物，表现人物的精神世界，塑造舞蹈形象。

其次是强烈的抒情性。《毛诗序》中写道："情动于中而形于言，言之不足，故嗟叹之；嗟叹之不足，故永歌之；永歌之不足，不知手之舞之，足之蹈之也。"即将舞蹈视为"达情"的最高层次。舞蹈的一切形式要素，诸如节奏的快慢、动作的大小、力度的强弱、构图的繁简等，都是随着情感的变化而改变的。

最后是表演性和形象性。舞蹈属于一种表演艺术，它的舞台实现有赖于合格的解释者，即舞蹈表演家。只有通过他们的表演，舞蹈才能作为艺术作品而存在，才能显示其审美意义和审美价值。因此，表演性是舞蹈的基本属性。例如，杨丽萍的孔雀舞表演既有强烈的民族特色，又有鲜明的时代风韵，具有很强的力量感和生命力，如图5-13所示。形象性也是舞蹈艺术的显著审美特征，它依靠舞蹈演员的形体动作（即肢体语言）来体现，如芭蕾舞中的白天鹅正是经典的舞蹈形象（见图5-14）。

图5-13　杨丽萍表演的孔雀舞　　　　图5-14　白天鹅的舞蹈形象

二、舞蹈的分类

从总体上讲，舞蹈可以分为生活舞蹈和艺术舞蹈两大类。

1. 生活舞蹈

生活舞蹈是与人们的日常生活密切相关的一类舞蹈，其目的在于自娱或社交，具有广泛的群众性和普及性。生活舞蹈包括习俗舞蹈、交际舞蹈和体育舞蹈等，如图5-15至图5-17所示。

图5-15　习俗舞蹈　　　　图5-16　交际舞蹈　　　　图5-17　体育舞蹈

2. 艺术舞蹈

艺术舞蹈是指由专业或业余舞蹈家进行艺术创作后在舞台上表演的一类舞蹈。这类舞蹈通常具有较高的技艺水平、完整的艺术构思、鲜明的主题思想和栩栩如生的艺术形象。艺术舞蹈中，中国舞和芭蕾舞分别代表了东西方文化在舞蹈方面的最高成就。

中国舞是中国古典舞和中国民族舞的总称，也被用来指代还未细分前的与中国舞蹈相关的艺术表现形式。

其中，中国古典舞（见图5-18）是指在民间传统舞蹈的基础上，经过历代专业工作者提炼、整理、加工、创造，并经过较长时间的实践检验，流传下来的被认为具有一定典范意义和古典风格特征的舞蹈。中国古典舞创立于20世纪50年代，它借鉴了芭蕾舞的训练体系，融合中国武术、传统戏曲、民间杂技的技术与技巧，形成了规范化的舞蹈技艺、严谨的训练体系和相对稳定的美学法则，现已成为我国舞蹈文化中的重要组成部分。其主要的艺术特点为刚柔并济，即在柔和的舞蹈动作中展现力量。此外，中国古典舞强调"形神兼备，身心互融，内外统一"的身韵，重视舞蹈的动作、技法与艺术内涵、思想情感的完美结合，具有独特的审美风貌。

图5-18 中国古典舞

中国民族舞（见图5-19）也叫"民间舞"，泛指产生并流传于民间、受民俗文化制约、即兴表演但风格相对稳定、以自娱为主要目的的舞蹈形式。中国民族舞注重舞蹈与歌唱的紧密结合。这种载歌载舞的形式自由、生动、活泼，与纯舞蹈相比可以表现更多的生活内容，且通俗易懂，因此为广大中国人民所喜爱。此外，中国民族舞中常使用道具，如扇子、手帕、长绸、手鼓、花棍、花灯、花伞等，使得舞蹈动作更加丰富优美、绚丽多姿。

图5-19 中国民族舞

"芭蕾"是法语"ballet"的音译，意为"跳"或"跳舞"。芭蕾舞起源于意大利，形成于17世纪的法国，18世纪传入俄罗斯，到19世纪初期已发展成为一门独立的艺术。芭蕾创造了足尖舞的表演技巧（见图5-20），并有一套完整的训练方法，后逐渐形成了不同风格的意大利学派、法国学派、丹麦学派和俄罗斯学派等。

当代芭蕾（见图5-21）以严谨规范的训练方法，"开、绷、直、立"的形体美特色，以及旋转、腾跳等高难度动作，构成它独有的高贵、优雅的气质，被誉为"舞蹈艺术皇冠上的明珠"。

图5-20 芭蕾舞注重足尖的技巧　　　　图5-21 芭蕾舞

三、舞蹈欣赏的方法

欣赏舞蹈时，可以从动作、表情、节奏、构图、服装、道具、布景、灯光等方面入手。我国著名的舞蹈家吴晓邦认为，欣赏舞蹈最重要的是欣赏表情、节奏和构图。

舞蹈演员的面部表情主要表现为眉、眼、鼻、嘴以及面部肌肉的变化。其中，眼神往往是舞蹈表情的神韵所在。因此在欣赏舞蹈表演时，要着重欣赏舞蹈演员的表情和神态，感受舞蹈演员所传达的情感变化。

舞蹈节奏与音乐节奏关系密切，有音乐伴奏时，舞蹈节奏通常是随着音乐节奏而变化的。音乐的旋律起伏、舞蹈的肢体变化，可以带给欣赏者综合的审美体验。但对于舞蹈来说，音乐并不是必不可少的，没有背景乐时，舞蹈也有自己的节奏，这个节奏蕴含在人体自然运动的规律之中，是舞蹈艺术表演中的重要元素。

舞蹈构图是指舞蹈在一定时间与空间中的动态结构，一般指舞蹈演员在舞台空间中的运动线（即不断变化、流动的舞蹈路线或队形）和画面造型，它是欣赏舞蹈时的重要内容。

美的欣赏

一、《孔子》

《孔子》（见图5-22）是由中国歌剧舞剧院创作的一部以历史人物为表现对象、展现中华风韵的民族舞剧。该舞剧以孔子周游列国的经历为主题，通过舞蹈演员的肢体语言表现孔子的喜怒哀乐，用丰富的音乐旋律和舞台意象呈现孔子的内心世界，展现了孔子的儒家思想、人格魅力、精神特质及智慧光芒。

舞剧中，无论是极富历史意蕴和民族特色的舞蹈动作，庄严大气的合唱与吟诵，还是舞台背景中顶天立地的竹简，简洁精练的旁白陈述，都有着史诗般的恢宏厚重之感，使观众能够在观赏充满情感的舞姿的同时，感受中华传统文化的博大精深与壮阔之美。

图5-22 《孔子》舞台剧照

二、《天鹅湖》

《天鹅湖》是柴可夫斯基于1876年创作的芭蕾舞剧。作品因感人至深的爱情童话、诗情画意的舞蹈段落、沁人心脾的交响音乐、圣洁典雅的天鹅形象，成为古典芭蕾艺术的典范，具有非凡的艺术价值和强大的生命力，是当今世界上改编版本最多、演出场次最多、观众人数最多、传播范围最广的一部芭蕾舞剧。

《天鹅湖》全剧共分为四幕。在第二幕的片段《四小天鹅舞曲》（见图5-23）中，舞蹈演员以整齐一致的舞姿和完美的芭蕾技巧，伴随活泼跳跃的旋律，生动再现了四小天鹅在湖畔嬉游的情景，成为古典芭蕾舞剧中的经典场面，使欣赏者感受到芭蕾艺术的无穷魅力。

图5-23 《天鹅湖》舞台剧照

美的 体验

课下观看舞剧《丝路花雨》《永不消逝的电波》《昭君出塞》，并选取你最喜爱的一部舞剧进行评析。

第三讲　绘画之美

美的 印象

《洛神赋图》是东晋顾恺之的画作，原作已失，现存宋代摹本（见图5-24）。该作以三国时期著名诗人曹植的文学作品《洛神赋》为蓝本，曲折细致而又层次分明地叙写了一个凄美动人的爱情故事，生动传神，是中国美术史上用绘画的形式来表现文学作品的杰作。

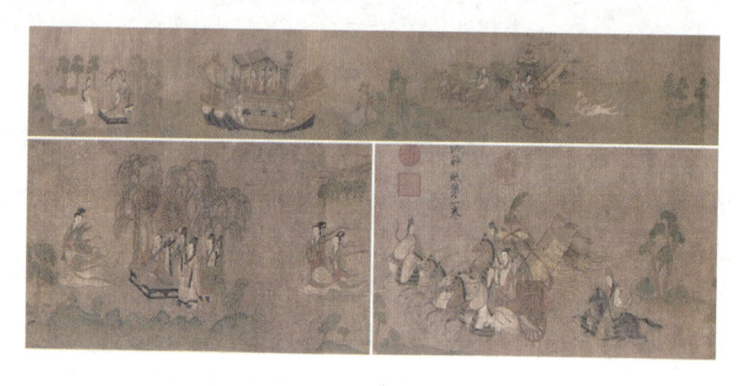

图5-24 《洛神赋图》（摹本）局部（顾恺之）

顾恺之笔下的线条紧劲连绵，富有节奏感，被后人称为"春蚕吐丝"。画中线条繁而不杂，长短相间，犹如游丝，气韵绵长，体现出洛神"翩若惊鸿，婉若游龙"的姿态。千变万化的线条刻画出不同的人物形象，表现了丰富的故事情节，体现出中国古代绘画独有的美学意蕴。

美的 视窗

一、绘画艺术的美

绘画是美术中最主要的一种艺术形式。它是一门运用线条、色彩等艺术语言，通过构图、造型等艺术手段，在二维空间（即平面）里塑造出静态视觉形象的艺术。

绘画之所以能引人驻足，是因为它包含了艺术家们对艺术的理解与表达。美好的画作或自然天成，简单朴拙，记录真实的生活；或大胆自由、情感张扬，表达对生命的渴望、对时弊的针砭以及对真情的感悟。绘画艺术的美是多方面的，主要表现在造型性、视觉性、瞬间性和表现性上。

绘画作品重视描绘对象的外形，力求准确塑造客观物象的形象。好的画作能通过抓取事物的典型特征表现其真实性。例如，齐白石仅用寥寥几笔深浅浓淡的墨色，就巧妙地表现出群虾活灵活现的活泼动感，如图5-25所示。

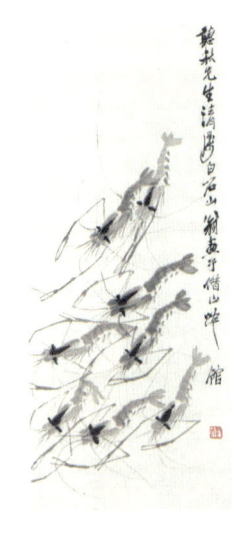

此外，绘画是视觉艺术，欣赏者需要用眼睛去看，才能从直观的视觉形象中获得丰富的审美体验，如图5-26所示。

图5-25 《虾》（齐白石）　　图5-26 《奔马图》（徐悲鸿）

绘画具有瞬间性，画家可以在动与静的交叉点上，捕捉客观事物发展变化的某一瞬间的形象，并通过物质材料和艺术语言将其记录下来。绘画作品之所以美，是因为它能反映事物变化过程中最精彩的瞬间，如图5-27所示。

图5-27 《杨贵妃上马图》局部（钱选）

绘画能表现出事物内在的精神气质，传达出艺术家的思想情感和审美理想。艺术家通过对生活的长期观察和深入分析，将自己的思想感情融入作品，并按照形式美的法则进行艺术创造。在作品中，线条、色彩、构图都体现着艺术家独特的兴趣、爱好和个性，欣赏者能够从中感受到艺术家的审美追求、创作特色，甚至能感受到他的艺术风格和所属的艺术流派，如图5-28、图5-29所示。

图5-28 《记忆的永恒》（达利）　　　　图5-29 《百老汇爵士乐》（蒙德里安）

二、绘画的分类

1. 中国画

中国画在世界美术领域中自成体系，独具特色，如图5-30、图5-31所示。同西方绘画相比，中国画的特点主要表现在以下几个方面。

图5-30 《秀石疏林图》局部（赵孟頫）　　　　图5-31 《红桃》（齐白石）

第一，中国画又称"水墨画"，它采用中国特制的毛笔、墨或颜料，在宣纸或绢帛上作画。作画时，勾、勒、点、皴等不同技法与烘、染、泼、积、拓等不同墨法相结合，使中国画具有独特的艺术魅力。

第二，中国画中，无论是工笔画，还是写意画，都非常强调"立意"和"传神"。画家往往只画山水的一个局部、花果的一枝一实，画中的大量留白则留给观众来想象。

第三，中国画常与诗文、书法、篆刻有机结合在一起，它们相互补充，交相辉映，使中国画具有独特的内容美和形式美。

2. 油画

油画是西方最具代表性的绘画品种，是用油质颜料在布、木板或厚纸板上画成。其特点是色彩丰富鲜艳，能够充分表现物体的质感，使描绘对象显得生动逼真，如图5-32、图5-33所示。西方绘画追求表现对象的真实和环境的真实。为了达到逼真的艺术效果，艺术家通常十分重视比例、明暗、透视等科学法则，并将光学、几何学、解剖学、色彩学等科学的理论知识作为绘画依据。

图5-32 《拾穗者》（米勒）　　图5-33 《日出·印象》（莫奈）

3．版画

版画也是西方绘画的一个重要画种，它是用笔、刀或化学药品在选定的材料上刻画而成。大名鼎鼎的毕加索，是具有超凡的表现热情和创造力、涉猎广泛的艺术巨匠。他除了在油画、雕塑、陶艺等领域取得巨大成就外，还在世界艺术宝库中留下了2 000多幅极富实验精神和开拓意义的版画作品，如图5-34所示。

图5-34　毕加索版画作品

三、绘画欣赏的方法

1．了解绘画艺术语言

欣赏者对绘画艺术语言的敏锐度决定了欣赏的层次。例如，形体除了可以表现物象的形貌外，还蕴含着潜在的情感倾向；色彩不仅能增强作品的艺术感染力和表现力，还能反映丰富的情感。因此，欣赏绘画时应结合绘画的艺术语言来解读作品，并展开丰富的联想与想象，从而进入"再创造"的欣赏佳境。

2．不同欣赏标准的运用

不同的绘画作品会在画种、创作背景、民族风格等方面有所不同，因此欣赏时

应针对不同的绘画类型采用不同的欣赏标准。例如，中国传统绘画崇尚文、意、趣，重视笔墨、线条的运用，侧重表现与写意；西方传统绘画则重视客观的观察，主要通过精确的透视、光线和色彩来再现物象，具有理性的精神。

3. 感性与理性的结合

在进行欣赏活动时，一方面欣赏者要充分调动自身的有利条件，诸如生活阅历、审美经验及情感体验等，使欣赏活动有充分的感性基础；另一方面，欣赏者应通过内省和理性的分析，理清情感中的审美成分和非审美成分，切忌盲目冲动地评价，以免歪曲原作品的内涵。欣赏者只有将感性与理性相融合，才能达到主客观的统一，才能逐渐提高自身的欣赏水平。

美的欣赏

一、《清明上河图》

《清明上河图》是北宋画家张择端的代表作品，如图5-35所示。全卷以全景式构图、散点透视的方式描绘了北宋都城汴梁及汴河两岸的繁华景象和自然风光，生动再现了北宋社会生活的各个方面，极具历史与艺术价值。

全卷共分三段。首段描绘汴梁郊区春光，中段描绘虹桥之景，末段描绘城内外车水马龙的繁荣景象：阁楼酒市、作坊医家，人物众多。画家将大手笔与精细的笔法相结合，人物、道具、房屋、桥梁、车马、船只等都描绘得一丝不苟，谨小而不失全貌。画中每一个人物、景象都安排得合情合理，疏密得当，动静结合，有条不紊。从宁静的郊区到热闹的城内街道，都交代得详细、逼真，引人入胜，充分表现了画家对社会生活的深刻洞察力和高超的画面组织能力。

图5-35 《清明上河图》局部（张择端）

二、《星夜》

《星夜》是凡·高于1889年在法国圣雷米的一家疗养院里创作的一幅油画作品，

如图5-36所示。在这幅作品中，凡·高为夜晚和自然赋予了一种情感语言，仿佛在用自己的内心与宇宙天空进行对话。在这幅画中，天地间的景象化作了浓厚、有力的颜料，顺着画笔跳动的轨迹涌起阵阵漩涡。回旋的曲线和旋转的动感带给人灵魂深处的震撼。云层与夜空交错扭动，使整个画面似乎被一股汹涌、动荡的激流所吞噬。

图5-36 《星夜》（凡·高）

作品中画家充分运用对比手法呈现出两种不同风格的线条，一种是弯曲的长线，另一种是破碎的短线。天空与云层用弯曲的长线来表现，而地上的树木则用破碎的短线来描绘。此外，画家将火焰般燃烧的柏树与横向的山脉组合在一起，使画面呈现出炫目的奇幻景象，形成一种平衡的视觉美感。

美的 体验

浏览中国美术馆网站"馆藏作品"栏目，欣赏绘画精品，如图5-37所示，并选择自己最喜欢的作品分享给同学们，说一说所选的作品美在哪里。

图5-37 中国美术馆网站"馆藏作品"栏目

第四讲　雕塑之美

美的 印象

中国的写意艺术源远流长，可以说，写意是中国传统艺术的灵魂所在。在几千年的发展历程中，中国雕塑逐渐形成写意的传统与样式，以独特的审美形式区别于西方传统写实雕塑，如图5-38所示。中国写意雕塑追求神似与形似之间的精妙平衡，体现出中华文化中"天人合一"的理念以及创作者对人类精神世界的关注，使其在具备民族艺术精神的同时，又不失人文情怀。

《天人合———老子》（吴为山）　　《举杯邀明月——诗人李白》（吴为山）

图5-38　中国写意雕塑

美的 视窗

一、雕塑艺术的美

雕塑是立体的空间艺术和视觉艺术，是指用一定的物质材料，运用视觉、触觉及亲身体验，在三维空间中创作出的具备形式美感并能表达一定情感与内涵的物质造型。由于其制作方法主要是雕刻和塑造两大类，故被称为"雕塑"。雕塑的美，美在形体，美在空间，美在材质，美在色泽与肌理。

形体是雕塑客观存在的依据，也是雕塑艺术中最关键的艺术语言。雕塑的形体由块和面构成，不同块面的凹凸、起伏、转换、重叠可以创造出丰富的形态。

雕塑是三维空间中的艺术，空间是雕塑极其重要的艺术语言之一。雕塑空间包括实（正）空间和虚（负）空间。其中，实空间是真实存在的，是指形体实际所占的空间，形体的大小、缩放都直接关系到实空间的变化；虚空间则是指雕塑实体空间之外环绕雕塑的无形空间，它依赖于雕塑的实空间而存在。创作时巧妙利用虚空间可以引发欣赏者的联想，增强作品的艺术感染力。

材质、色泽和肌理是雕塑的"肌肤"，合理运用这些要素是增强雕塑艺术感染力的重要途径。在雕塑的创作过程中，不同材料所具有的色泽、肌理会对主题表达、造型处理、制作程序、加工手段等产生重要影响，从而使作品形成不同的艺术风格和审美差异。

二、雕塑艺术的历史

雕塑是人类文化史上最古老的艺术种类之一。无论是在东方还是西方，雕塑艺术都有着悠久的历史。

我国雕塑艺术发展的高峰期是秦汉时期、魏晋南北朝和唐宋时期。秦代雕塑在青铜雕塑和陶俑创作领域都取得了划时代的辉煌成就。其中，青铜雕塑以秦始皇陵西侧墓坑出土的两乘彩绘铜马车为代表，其造型严谨写实，制作精巧细腻，如图5-39所示；陶俑则以被称为"世界第八奇观"的秦始皇兵马俑最为壮观。汉代由于厚葬盛行，陵墓雕塑发展蓬勃，其中最有代表性的是霍去病墓前的立体石雕《马踏匈奴》，如图5-40所示。魏晋南北朝和唐宋时期，因为宗教的繁荣，宗教雕塑得以迅速发展，云冈石窟、龙门石窟、敦煌石窟、麦积山石窟在这一时期不断完善起来。这一时期的佛像、菩萨像等神情恬静、慈祥和善，给人睿智、宽博、高贵、气度不凡的视觉感受，如图5-41所示。

图5-39　彩绘铜马车　　　图5-40　《马踏匈奴》　　　图5-41　龙门石窟大佛

西方雕塑艺术源远流长，作品繁多。西方雕塑史上有三个最为辉煌的高峰期。其中，第一个高峰期是古希腊罗马时期，该时期的雕塑主要表现神话故事，注重形式感，代表作品有《米洛斯的维纳斯》。第二个高峰期是欧洲文艺复兴时期，这一时期的代表人物是米开朗琪罗，他的作品充分表现出人体的生命力，其代表作品有《大卫》《摩西》等，如图5-42所示。第三个高峰期是19世纪，以罗丹为代表的艺术

家开始探索新的表现手法，将西方雕塑艺术推向新的高峰，他的代表作品有《思想者》，如图5-43所示。

图5-42 《摩西》（米开朗琪罗）

图5-43 《思想者》（罗丹）

三、雕塑的分类

雕塑的种类和样式繁多。按题材来分，可以分为纪念性雕塑、建筑装饰性雕塑、城市雕塑、宗教雕塑、陵墓雕塑等，如图5-44至图5-46所示。

图5-44 人民英雄纪念碑

图5-45 建筑装饰性雕塑（巴黎歌剧院）

图5-46 城市雕塑（五月的风）

从表现手法和形式上划分，雕塑又可以分为圆雕、浮雕和透雕三类。圆雕又称"浑雕"，是不附着在任何背景上，可以从四面观赏的立体雕塑，具有厚重感和体积感，如图5-47所示；浮雕又称"凸雕"，是在实体平面上雕出凸起的艺术形象的雕刻艺术，如图5-48所示；透雕介于圆雕与浮雕之间，是在浮雕的基础上，将其背景部分镂空制作而成，但它又不脱离平面，犹如一件附着在平面背景上的圆雕，如图5-49所示。

图5-47　明十三陵甬道两旁的雕塑　　图5-48　纳拉姆辛浮雕石板

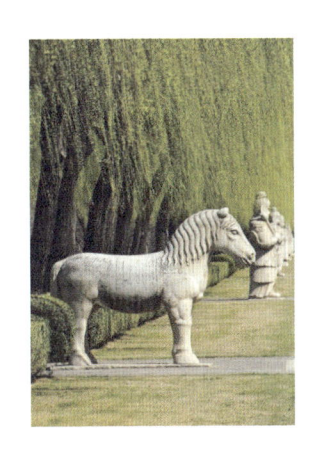

图5-49　中国传统透雕花砖

四、雕塑欣赏的方法

1．感知雕塑空间的存在

首先，要懂得欣赏雕塑的形体美，以及不同体块组合所产生的节奏美和韵律美。其次，要懂得欣赏雕塑的"影像"效果，即雕塑所呈现出的总体轮廓。最后，要欣赏雕塑本身所具有的体量感，它直接影响着观赏效果与主题的表达，如四川乐山大佛的宏伟壮观，无锡惠山泥人的玲珑精细。

2．把握雕塑与空间环境的关系

雕塑作品往往处于特定的环境之中，它们会受到日光、自然环境、周围建筑等的影响和制约。因此，对雕塑作品的欣赏，应从雕塑与其周边环境的关系中去把握，判断其是否与空间环境相协调。

3．领会雕塑的象征意义

雕塑的产生和发展与人类的生产活动紧密相关。不同时代的雕塑作品受宗教、哲学等社会意识形态的直接影响，是不同时代思想、感情和审美观念的结晶。因此，欣赏雕塑时应考虑其创作背景，领会其象征意义。

美的欣赏

一、秦始皇兵马俑

秦始皇兵马俑是20世纪最为壮观的考古成果，它向全世界展示了中国雕塑艺术的悠久历史和辉煌成就，如图5-50所示。

图5-50 秦始皇兵马俑

秦始皇兵马俑呈现的军队阵容是当时秦国军队的真实写照，其中的秦俑、陶马都如真人、真马大小，形体比例准确，形象栩栩如生。兵马俑在整体上是众多直立静止体的重复，由此形成排山倒海的气势，令人敬畏而难忘。与此同时，陶俑的细部刻画也十分严谨，如秦俑腰间系的革带和带钩，头上的发带，以及发丝、发髻、发辫，甚至鞋底的针线头等细枝末节都雕刻得一丝不苟、惟妙惟肖。

秦俑是圆雕、浮雕、线刻的有机结合，工匠们运用了塑、堆、捏、贴、刻、画等多种传统雕塑技法，成功地塑造出生动的勇士形象。兵马俑曾被施以彩绘，后由于遭遇火烧和自然破坏，大部分色彩已经不复存在，但仍有一部分陶俑和陶马身上还残存着色彩，由此可见初建时的场面是何等灿烂和壮观。更令人称道的是，兵马俑身上所绘的颜色并不千篇一律，而是经过严格的色彩配置，体现出整体的色彩美感。对比鲜明的色彩也更加衬托出军队的威武和雄壮。

二、汉代说唱俑

汉代说唱俑是我国古代陶器史上的一朵奇葩，它造型独特，表现出稚拙而粗犷的美，深受人们的喜爱，对后世的陶器及其他工艺品的制造有着重要影响。汉代说唱俑数量庞大，种类繁多，各具特色，神态各异，妙趣横生，如图5-51所示。

汉代说唱俑用洗练概括的表现手法取代了秦代雕塑的写实和逼真，以夸张写意之美代替了秦代雕塑的雄伟壮阔。其刻画较为粗糙，也不讲究人体比例的协调，而是更注重人物神态的刻画和人物性格的表现。

汉代说唱俑源自人们喜闻乐见的生活场景，使人倍感亲切，是属于人民的艺术。说唱俑通常嘴部张开，呈开怀大笑之态，额头数纹显露，仿佛正进行到说唱表演中的精彩之处。整个人物的形态夸张变形，极富张力和感染力，令人忍俊不禁。说唱俑体现出中国古代工匠丰富的想象力和强大的造型能力，显现了汉代雕塑艺术活泼生动和质朴古拙的特点。

图 5-51　汉代说唱俑

三、狮身人面像

狮身人面像也称"斯芬克斯像"，是古埃及雕塑的代表。这座雕像是由整块天然岩石雕刻而成，高度有 20 多米，面部约 5 米长，仅头上的一只耳朵也有 2 米左右。雕像的头部被刻成古埃及法老的头像，身子则是呈卧姿的狮子形象。法老头戴菱形王冠，前额上雕刻着神秘的圣蛇，脑后则是象征神权的鹰的形象。他面向东方而卧，两眼直视前方，眼神威严而平静，笑容神秘莫测。整座雕像气势宏伟，令人震撼，如图 5-52 所示。

图 5-52　狮身人面像

在古埃及，狮子是战神的化身，也是力量的象征。法老把自己的形象与狮子的形象结合起来，是为了夸耀神秘的威力，使自己成为万民崇拜的偶像。在陵墓旁建立这样巨大的雕像则象征古代法老的灵魂不灭，永远保持着对人世间的权威统治。狮身人面像数千年来孤傲地卧伏在古埃及广阔的沙漠上，守卫着法老们的陵墓。它是古埃及艺术家的伟大创造，也是无数后人崇拜和朝圣的偶像。

美的 体验

浏览中国美术馆网站"馆藏作品"栏目，欣赏雕塑精品，如图5-53所示，并选择自己最喜欢的作品分享给同学们。

图5-53　中国美术馆网站"馆藏作品"栏目

第五讲　建筑之美

美的 印象

2010年上海世博会中国国家馆建筑外形以"东方之冠、鼎盛中华、天下粮仓、富庶百姓"为主题，展现出中华文化的精神与气质，如图5-54所示。该馆设计极富中国气韵，色彩上采用大气、沉稳的"中国红"作为主色调，主体造型雄浑有力，榫卯结构的完美运用和简约化的装饰线条则实现了中华传统文化要素的当代表达，展现了建筑设计中的中华智慧。

图5-54　2010年上海世博会中国国家馆

美的视窗

一、建筑艺术的美

雨果曾说建筑是"石头的史书"。所谓建筑艺术，是指按照美的规律，运用独特的艺术语言进行创作，使建筑形象具有文化价值和审美价值，具有象征性和形式美，体现出民族性和时代感。

建筑艺术的美，首先表现在它是"建筑"与"艺术"的和谐统一。优秀的建筑不仅能满足人们的物质需要和使用需要，还能满足人们的精神需要和审美需要，如图5-55所示。

图5-55 悉尼歌剧院外观和内景

其次，建筑作为技术与艺术的综合体，它的美还体现在不同技术所呈现出的不同美学思想上。世界各国的建筑，从木结构建筑到砖石结构建筑，再到钢筋水泥建筑、轻质材料建筑等，其美学思想也随之发生着巨大的变化。

最后，建筑艺术受文化、风俗等因素的影响，常表现出鲜明的民族风格。例如，我国古代建筑自成体系，在建筑结构、群体布局、艺术形象等方面，都体现出鲜明的东方建筑特点。我国古典建筑常采用曲线优美的屋顶、鲜艳夺目的色彩，以及翘角和飞檐等装饰，加上大量的雕刻彩绘，形成别具一格的艺术魅力，如图5-56所示。

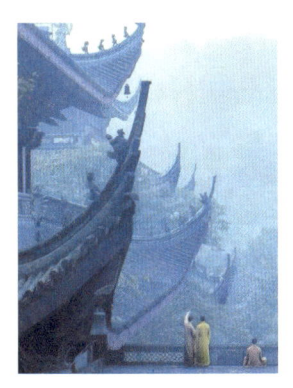

图5-56 中国古典建筑中的飞檐、屋脊装饰及藻井彩绘

二、建筑的分类

按照用途划分,建筑可分为民用建筑、工业建筑和农业建筑等;按照主要承重结构材料划分,建筑可分为木结构建筑(见图5-57)、砖木结构建筑、钢筋混凝土结构建筑、钢结构建筑(见图5-58)等。

图5-57　中国第一木塔释迦塔　　　　　　图5-58　国家体育场

三、建筑欣赏的方法

1. 重视实践体验

正如著名建筑家布鲁诺·赛维所说:"建筑的特性,就在于进入其中并在行进中感受它的存在,这使它与其他艺术区别开来。"这样的审美体验,若不置身其中是很难获得的。因此,欣赏者应重视实践体验,亲身体味建筑的各类艺术语言,如形体、空间、色彩、比例和尺度等。

2. 选择合适的欣赏角度,动态观赏

欣赏角度的选择对审美体验也有着重要影响。例如,以水平方式展开的建筑群,宜从一定高度进行俯瞰,以获得完整的视觉效果;高大、垂直的建筑则适宜近距离仰视,以感受其伟岸的雄姿。除了选择合适的欣赏角度,观赏时还应移步换景,在运动中完整地体验建筑的节奏感和韵律美。

3. 多种审美心理相结合

建筑的美是高度抽象的,因此我们只有调动移情、联想、想象等多种心理活动,才能领略建筑中蕴含的象征意义和深层次的艺术美,才能获得物我交融的审美体验。

美的欣赏

一、乔家大院

乔家大院位于山西省祁县乔家堡村,又名"在中堂",是清代著名晋商乔致庸的

宅第。它始建于清代乾隆年间，此后曾有两次增修、一次扩建，集中体现了清代北方民居的独特风格。

乔家大院为封闭式的城堡式建筑，建筑总面积达4 000多平方米。全院布局严谨，设计精巧，从高空俯视呈"囍"字形。院子两边高中间低，谓之"四水归堂"。每个院子都有其自身的功能，除起居之外，做饭、娱乐、喝茶、结婚、生子、迎客、读书等都有专门的院落。院落内布满了精美的细部装饰，装饰手法有木雕、砖雕、石雕和彩绘等，各种装饰精彩纷呈，异常动人，如图5-59至图5-61所示。

图5-59　木雕　　　　图5-60　石雕　　　　图5-61　彩绘

乔家大院总体上呈轴对称布局，每个院落形成一个独立的小四合院，院与院之间规律排列，形成井然有序的空间组合，体现出对称、协调、错落有致又相互映衬的整体之美，如图5-62所示。

图5-62　乔家大院

二、颐和园

颐和园是中国规模最大、保存最完整、最华丽的皇家园林，是中国四大名园之一，占地面积约300公顷，主要由万寿山和昆明湖两部分组成。园中的宫殿园林建筑丰富多样，汇集了中国传统园林建筑艺术的精华。

颐和园体现了山、水和建筑的完美融合。建筑群依山傍水而建，湖光山色，相映成趣。前山万寿山，以佛香阁为中心，形成巨大的主体建筑群。从山脚的"云辉

玉宇"牌楼，经排云殿、佛香阁，直至山顶的智慧海，形成了一条层层上升的中轴线。湖、山、岛、堤及建筑，配合园外的借景，形成一幅连续展开、如锦似绣的风景画卷，如图5-63、图5-64所示。

图5-63　颐和园万寿山与佛香阁　　　　图5-64　昆明湖与七孔桥

三、蓬皮杜国家艺术文化中心

蓬皮杜国家艺术文化中心坐落于巴黎拉丁区北侧，是根据法国已故总统蓬皮杜的提议而建立的。它是一座集知识、艺术与生活于一体的新型现代化建筑，也是现代巴黎的象征，如图5-65所示。

图5-65　蓬皮杜国家艺术文化中心

建筑通体采用金属架构，设计新颖，造型奇异。钢结构的梁、柱、拉杆等都不加遮掩地暴露在立面上。建筑外部钢架林立、管道纵横，并根据不同的功能被分别漆上了红、黄、蓝、绿、白等颜色。红色的是交通运输设备，蓝色的是空调设备，绿色的是给水、排水管道，黄色的是电气设施和管线。人们在大街上就可以望见复杂的建筑内部设备，五彩缤纷，鲜艳夺目，因此有人戏称它是"市中心的炼油厂"。

蓬皮杜国家艺术文化中心是艺术向技术的挑战，同时，也满足了人类求新、求变、求异的心理。总之，它突出强调了现代科学技术与文化艺术的密切关系，是现代建筑的典型代表。

美的 体验

浏览故宫博物院网站"全景故宫"栏目，如图5-66所示，欣赏故宫午门、太和殿、乾清宫等主要建筑物，并说一说各建筑物的审美特征。

图5-66　故宫博物院网站"全景故宫"栏目

第六讲　戏剧之美

美的 印象

《北京人》是中国现代戏剧奠基人曹禺的代表作，被誉为"中国现代戏剧文学的巅峰之作"。该剧以一个典型的士大夫家庭——曾家的没落作为戏剧矛盾冲突的线索，折射出几代中国人的命运，可以称之为"中国古代士大夫阶层生命的戏剧写照"。

2018年，由赖声川执导的《北京人》重新登上中国戏剧舞台，赢得了业界和观众的高度认可。全剧剧情紧凑而富有张力，演员表演自然松弛、生动鲜活，独具创意的"黑、白、彩"舞台设计更是为观众带来了感性直观的审美体验，是借助话剧诠释大师级作品的典范，如图5-67所示。该剧作为新时代的新经典，让观众看到了

中华文化应有的坚守，同时也给中国戏剧艺术带来了新的生机。

图5-67 《北京人》舞台剧照

美的视窗

一、戏剧艺术的美

戏剧是由演员扮演角色，并在舞台上当众表演故事情节的一种艺术。在西方，戏剧即指话剧；在中国，戏剧除了指话剧以外，也常被看作是戏曲、话剧、歌剧等艺术类型的总称。由于要在舞台上演出，因此戏剧的文学创作受到多方面的制约，使其形成了不同于其他文学体裁的特点。

1. 时间和空间高度集中

戏剧不像小说、散文那样可以不受时间和空间的限制，它要求时间、人物、情节、场景高度集中在有限的时空范围内。小小的舞台上，几个人的表演就可以代表千军万马；走几圈就能表示跨过了万水千山；变换一个场景，就说明到了一个全新的地方或经过多少年之后……相隔千万里，跨越若干年，都可以通过幕、场的变换在舞台上集中展现。

2. 尖锐的矛盾冲突

戏剧通过表现矛盾冲突来展开情节和塑造人物，可以说，没有矛盾冲突就没有戏剧。各种文学作品都要表现社会的矛盾冲突，而戏剧则要求表现得更集中、更突出，并要求将其凝缩在受时空限制的舞台演出中。例如，曹禺的代表作《雷雨》，围绕周、鲁两家错综复杂的关系，突出、生动地反映了两个不同阶层的家庭之间的尖锐矛盾，如图5-68所示。

图5-68 《雷雨》海报及舞台剧照

3．语言个性化

戏剧的语言主要是指台词，即剧中人物所说的话。戏剧的剧本不同于小说，剧作家不能直接出面介绍戏剧的内容，因此情节的发展、人物的特征等只能通过台词来表现。戏剧语言要求通俗自然、简练明确、适合舞台表演，能充分表现人物的性格、身份，同时还应与人物的外部动作结合起来，以表现人物的内心活动，推动剧情的发展。

二、戏剧作品的分类

按照作品的容量划分，戏剧可分为独幕剧和多幕剧；按照作品的题材划分，戏剧可分为历史剧、现代剧、儿童剧等；按照作品的内容性质划分，戏剧又可分为悲剧、喜剧和正剧三大类型。这里主要按照最后一种分类进行介绍。

悲剧作为戏剧艺术的主要类型之一，历来被认为是"戏剧之冠"，具有崇高的地位。悲剧常常通过正义的毁灭、英雄的牺牲或主人公苦难的命运，显示出人的巨大精神力量和伟大人格。具有代表性的悲剧作品有《俄狄浦斯王》（索福克勒斯）、《哈姆雷特》（威廉·莎士比亚）、《玩偶之家》（亨利克·易卜生）等。

喜剧的特点是以夸张的手法、巧妙的结构、诙谐的台词，以及对人物性格的刻画，把丑恶、落后事物的本质揭露出来而引人发笑。但笑只是喜剧的手段，而不是目的，其真实目的是通过笑引起人们对生活中反面的、落后的现象的反思和批判。具有代表性的喜剧作品有《伪君子》（莫里哀）、《一仆二主》（卡洛·哥尔多尼）等，如图5-69所示。

正剧是更加生活化的戏剧，它兼有悲剧和喜剧的特点并具有强烈的社会现实意义。著名的正剧有威廉·莎士比亚的《一报还一报》《暴风雨》，德尼·狄德罗的《私生子》《一家之主》等。

图5-69 《一仆二主》舞台剧照

三、中国戏曲艺术的特点

中国戏曲种类繁多，难以尽述，这里主要介绍京剧、越剧、豫剧、黄梅戏等具有代表性的剧种。

京剧被称为"国剧"，其唱腔以西皮、二黄为主，是多种腔调的和谐统一。它能巧妙地将地方字音与北京字音融为一体，使戏曲的唱白通俗易懂、生动流畅，并富有节奏感和韵律美。最著名的京剧表演艺术家是"四大名旦"，他们的艺术风格各具特色：梅兰芳端庄典雅，尚小云俏丽刚健，程砚秋深沉委婉，荀慧生娇婉柔媚。

越剧发源于浙江嵊州，被称为"流传最广的地方剧种"。其长于抒情，以唱为主，曲调优美动听，表演真切动人，唯美典雅，极具江南灵秀之气。越剧以"才子佳人"题材为主，代表性作品有《梁山伯与祝英台》《红楼梦》《西厢记》等，如图5-70、图5-71所示。

图5-70 《梁山伯与祝英台》舞台剧照　　图5-71 《红楼梦》舞台剧照

豫剧发源于河南省，以唱腔铿锵大气、抑扬有度、吐字清晰、生动活泼、有血有肉著称。著名的豫剧表演艺术家有陈素真、常香玉、崔兰田、马金凤等，代表性

作品有《抬花轿》《朝阳沟》《穆桂英挂帅》等，如图5-72、图5-73所示。

图5-72 《抬花轿》舞台剧照　　　　图5-73 《朝阳沟》舞台剧照

黄梅戏发源于湖北省，旧称"黄梅调"或"采茶调"，其唱腔淳朴流畅，表演质朴细腻，以真实活泼著称，代表性作品有《天仙配》《女驸马》《玉堂春》《牛郎织女》等，如图5-74、图5-75所示。

图5-74 《天仙配》舞台剧照　　　　图5-75 《女驸马》舞台剧照

美的 欣赏

昆曲是我国最古老的剧种之一，是中国戏曲文化的活化石。2004年，一部青春版《牡丹亭》"横空出世"，为昆曲注入了新鲜的血液。青春版《牡丹亭》由著名作家白先勇改编，他在明代剧作家汤显祖创作的《牡丹亭》剧本的基础上，根据现代的审美观，利用现代剧场的新概念进行创作，使这部传世经典以青春靓丽的形式重新出现在人们面前。

《牡丹亭》欣赏

青春版《牡丹亭》典雅而有诗意：优美的水磨腔、悠扬的笛声、充满韵味的唱词，从舞美场景到演员的行头，每个细节都极尽华美精致，演出的各个环节也比传统的舞台戏剧更讲究，恰如一场四百年萦绕不绝的情梦，如图5-76所示。

图5-76 青春版《牡丹亭》海报及剧照

美的 体验

登录故宫博物院网站，在其"戏曲馆"栏目中了解中国戏曲的发展历程，欣赏历代戏曲精品。

第七讲 影视之美

美的 印象

图5-77 观看电影

在繁忙的现代生活中，观看影视作品已经成为一种重要的休闲方式，如图5-77所示。空闲的时候看看电影、电视剧或综艺节目，或者沉浸其中、深受触动，或者哈哈大笑、放松心情，这些都是影视作品带给我们的美好时光。或许我们很难用专业的语言表述影视之美，但影视之美却是每位观众都能深切体会到的。

美的 视窗

一、影视艺术的美

影视艺术是电影艺术和电视艺术的合称,由于它们大多都将影像和声音作为艺术表达的方式,因此也可称为"影音艺术"。

影视艺术的美,首先表现在它的综合性上。影视艺术是一种创造性的艺术活动,它将众多艺术元素相融合,形成影视艺术自身新的特征。具体来说,影视艺术借鉴了音乐艺术的节奏感与和谐感,学习了建筑、绘画、雕塑等艺术中的造型技巧及光线、色彩、构图等表现技法,吸收了文学艺术塑造人物、组织情节、叙述事件、抒发感情等创作手段,学习了戏剧艺术展现矛盾冲突的方法和戏剧演员的表演技法。

影视艺术的美还表现在它的视觉造型性上,电影和电视都是以画面作为视觉造型的核心要素。影视画面是由人、影、物、光、色等多种元素组合起来的综合性造型。在无声电影时代,电影完全是靠视觉造型的独特魅力征服观众的。有声电影发明后,尽管声音发挥了很重要的作用,但是优秀的影视创作者总是在画面的构图、色彩、光线等方面进行精心设计,以此来加强视觉效果。视觉造型性是影视艺术创作最基本、最主要的表现手段,也是影视艺术最本质的审美特征之一。

二、影视作品的分类

1. 电影的分类

电影艺术自诞生以来,经过一百多年的发展和演变,已经形成了众多类别和样式。电影分类的标准通常是对使用材料、工具、创作手段、表现对象及审美功能等多方面的综合考量。根据这一标准,可以把电影分为故事片、科教片、纪录片和美术片四大片种,这也是国内外比较流行的一种分类方法。

故事片是指由职业或非职业演员扮演有关角色,具有一定故事情节,包含一定主题的艺术影片,如图5-78、图5-79所示。

图5-78 《燃情岁月》剧照

图5-79 《勇敢的心》剧照

科教片的全称是"科学教育片",是传播科学文化知识、推广先进技术经验、传授工艺方法,为广大群众的社会生活、工作学习等服务的电影类别。

纪录片是以真实生活为创作素材,以真人真事为表现对象,并对其进行艺术性加工的电影类别。它以展现真实为目的,通过对现实生活的真实记录引发人的思考,如图5-80所示。

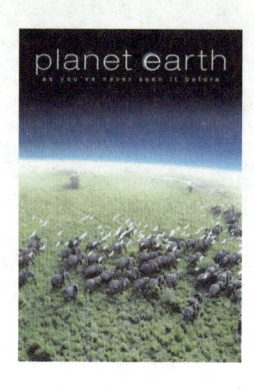

图5-80 《地球脉动》海报及剧照

美术片是动画片、木偶片、剪纸片的总称,它是一种特殊形式的电影,如图5-81所示。

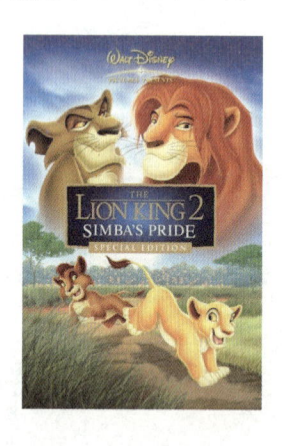

图5-81 《狮子王2:辛巴的荣耀》海报及剧照

2. 电视的分类

电视艺术主要是指电视屏幕上播出的各式各样的文艺节目,包括电视剧、电视综艺节目、电视艺术片、电视专题文艺节目、音乐电视等。这里主要介绍电视剧。

电视剧是电视艺术的主要类型。它的品种较多,从播出时间和篇幅长短的角度来划分,可分为电视短剧、小品、单本剧、连续剧、系列剧等。

电视短剧和小品是篇幅最短的电视剧,相当于文学作品中的微型小说,如图5-82所示;电视单本剧是由完整的故事或情节构成的能一次播完或分上、下两集播出的电视剧，相当于文学作品中的短篇小说；电视连续剧是分集播出的多部、多集电视剧，相当于文学作品中的长篇小说，如图5-83所示；电视系列剧是人物及主题具有连续性，但每一集又具有相对独立性的电视剧，包括情节系列剧和情景喜剧两种，如图5-84所示。

图5-82　小品《吃面条》剧照

图5-83　电视连续剧《如懿传》剧照

图5-84　情景喜剧《武林外传》剧照

美的欣赏

电影《天堂电影院》由意大利导演朱塞佩·托纳多雷执导，该片荣获1989年第42届戛纳电影节评审团大奖、1990年第62届奥斯卡最佳外语片奖。

《天堂电影院》讲述的是一个成长在意大利西西里岛的小男孩的故事。主人公多多是一个古灵精怪的小孩子，而艾佛特是"天堂乐园戏院"的放映师，因为电影的缘故，他们建立起亦师亦友的关系。放映师所扮演的是引领者的角色，在多多的童年、青少年、成年，甚至老年，一直引领着多多成长，如图5-85所示。

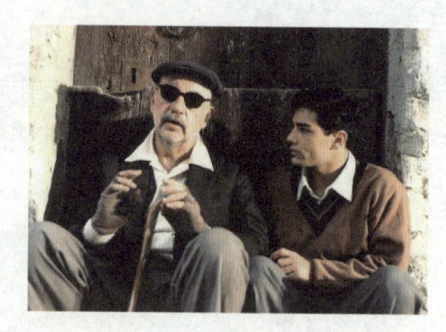

图5-85 《天堂电影院》剧照

这是一部缅怀电影历史及讲述个人情感历程的作品，影片对时间、空间的表现非常精妙，也有很多巧妙的转场，例如，以声音为过渡的巧妙转场，从幼年多多到青年多多的巧妙转场，等等，如图5-86、图5-87所示。欣赏这部影片，可以感受到其中绵长、悠远的怀旧气息。

图5-86 《天堂电影院》以声音为过渡的巧妙转场

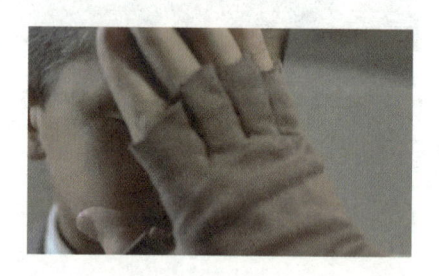

图5-87 《天堂电影院》从幼年多多到青年多多的巧妙转场

美的 体验

电影《长津湖》以抗美援朝战争时期第二次战役中的长津湖战役为背景，讲述了一段波澜壮阔的历史：1950年，中国人民志愿军赴朝作战，在极寒的严酷自然环境下，东线作战部队凭着钢铁般的意志和英勇无畏的战斗精神一路追击，奋勇杀敌，扭转了战场态势，打出了军威国威。

《长津湖》作为彰显民族精神和爱国主义精神的一部精品力作,透过银幕给观众带来了深度的情感体验,自上映以来持续引发观影热潮,如图5-88所示。观看这部电影,尝试从艺术欣赏的角度分析该电影取得巨大成功的原因,并说一说其中令你印象深刻的片段。

图5-88 《长津湖》剧照

第八讲 书法之美

美的印象

如果你去过泰山,一定对其雄奇壮观的石刻艺术印象深刻。泰山石刻历史悠久,从秦代开始,这里便有了石刻文字的记载,其中最早、最有名的石刻便是公元前219年秦代丞相李斯手书的石碣《泰山刻石》(见图5-89)。

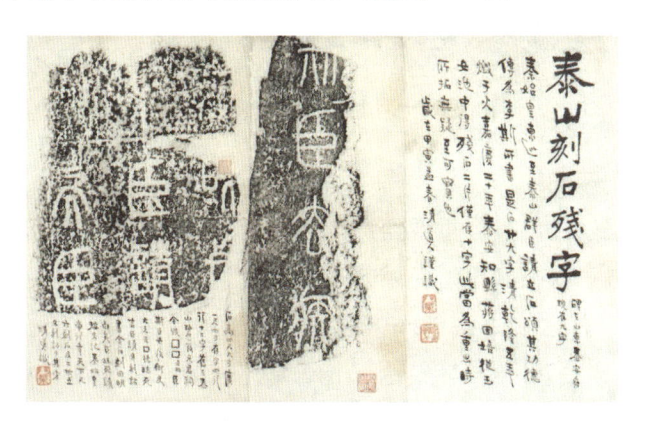

图5-89 《泰山刻石》残字拓片

《泰山刻石》用标准的小篆书写，字体体态修长，结构匀称，疏密有度，沉稳朴拙，有一种内敛、含蓄的灵动之美，如仙子临风，仪态万方，具有极高的艺术价值和历史价值。

美的视窗

一、书法艺术的美

书法是我国特有的一种传统艺术形式，它是以汉字为表现对象，以毛笔为书写工具的线条造型艺术。传统书法作品以丰富多变的线条造型，抽象地反映了书法家对宇宙万物的认识，表现了书法家的情感和审美趣味，具有很高的艺术价值。书法的艺术美主要可以从用笔、用墨、空间和章法四个方面进行分析。

书法的起源

1. 用笔——点线组合的和谐美

笔画是书法艺术的造型基础，只有按照一定的法度去书写各种笔画，笔笔入法，才会有结字的美观。这种书写汉字笔画的法度，就称为"用笔"。

笔法讲究提按、粗细、轻重、方圆和起收，注重运笔的节奏和韵律。书法家通过这些用笔的方法和技巧，来表现文字笔画的长短、曲直、角度和距离等，同时书法家还倾注了自身的精神追求，使点线有力度、有气势，又富有生命力，如图5-90所示。

图5-90 《诸上座帖》局部（黄庭坚）

2. 用墨——意境美

用墨是书法技法中的一个重要组成部分，为历代书法家所重视。古人有"书法字法，本于笔，成于墨，则墨法尤书艺一大关键""字之巧处，在用笔，尤在用墨"等论述，正说明了墨法在书法创作中的重要地位。传统书论有墨分五色之说，即"浓、淡、润、渴、白"（出自言恭达《抱云堂艺思录》）。正是轻重徐疾的笔墨节奏使书法具有了"无色而有图画之灿烂"的艺术魅力，如图5-91所示。

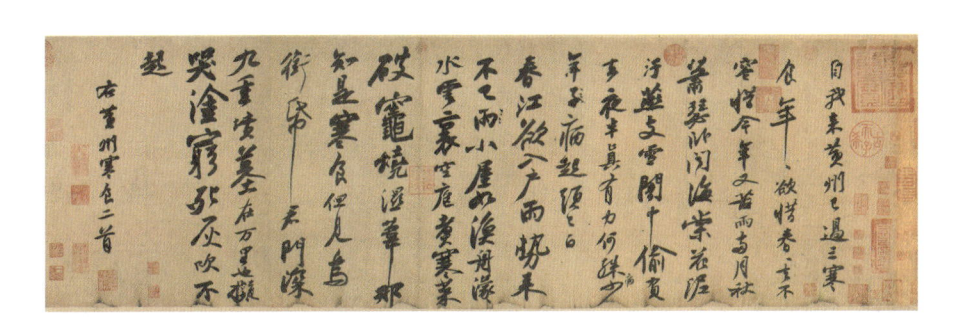

图5-91 《黄州寒食诗帖》（苏轼）

3．空间——字形的结构美

空间结构影响着汉字整体的体势姿态，这是因为汉字笔画的排列组合有疏密、斜正、大小、方圆等方面的变化。总之，汉字的空间结构应讲究以下四点。

（1）间架结构，平衡稳定

汉字的结构主要有两种：一种是由笔画直接组成的独体文（字），一种是由两个或两个以上的偏旁部首和其他结构单位组成的合体字。虽然汉字的结体方式不同，但都讲究字体的平衡对称、重心稳定，这样才能给人圆满和谐、稳健有力的艺术美感，如图5-92所示。

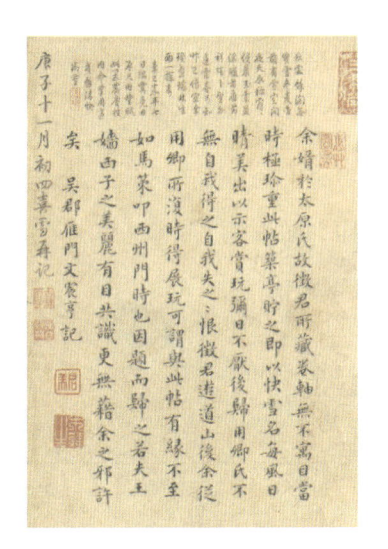

图5-92 《快雪时晴帖》局部（王羲之）

（2）主次分明，对比照应

汉字结体的对比主要是指主笔与次笔间的对比。主笔分量最重，次笔用以衬托主笔，主次分明才能产生强烈的艺术美感。此外，结体间还讲究相互照应，使笔画之间气脉相通，形成一个有机的统一体，这样才能避免机械的、呆板的线条拼凑，使字形充满生命力，具有精神气度。

（3）疏密有致，虚实相生

疏密有致才能有起伏和对比，才能给人和谐的视觉美感。计白当黑，于无笔墨处创妙境，于字形中寓情思。虚中有实，实中有虚，才能营造出书法的空灵之美。

（4）自然得体，浑然天成

书法追求质朴、率真的美，自然得体、浑然天成是书法美的最高境界。意随心到，笔随势生，使之曲尽其美，而无矫揉造作、刻意雕琢之嫌。

4. 章法——整体美

章法又称"布白"，是指在书法创作中，对作品进行的整体安排和局部处理。一幅完整的书法作品通常由正文、落款、钤印三部分组成，三者合一，相辅相成，气脉相通。同时，字与字、行与行之间也应相互照应，疏密有致，才能给人以艺术美感，如图5-93所示。

图5-93 书法对联（王文治）

知识拓展

钤 印

钤印，即书画作品或书籍上的印章符号，也含有加盖印章的意思。钤印不仅是书法家个人的凭信，还可以填补书法作品中的空隙，调整作品的重心，起到装饰和烘托氛围的作用。

书法作品一般使用三种印章，即姓名章、引首章和闲章。印章的位置要根据作品的布白来确定，若位置安排得恰到好处，则可起到锦上添花、画龙点睛的效果。

二、书法的分类

从最早的金石竹刻到千变万化的毛笔字，中国书法逐渐形成了篆书、隶书、草书、楷书、行书五种书体。

1. 篆书

篆书是书法艺术中最早的成形书体，其象形程度高，文字优美。篆书又分为大篆和小篆，大篆自由活泼、天真烂漫，小篆圆浑挺健、庄重优雅。

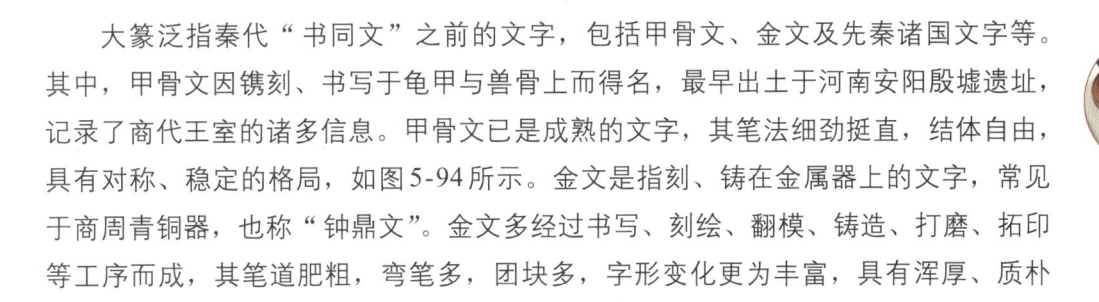

大篆泛指秦代"书同文"之前的文字，包括甲骨文、金文及先秦诸国文字等。其中，甲骨文因镌刻、书写于龟甲与兽骨上而得名，最早出土于河南安阳殷墟遗址，记录了商代王室的诸多信息。甲骨文已是成熟的文字，其笔法细劲挺直，结体自由，具有对称、稳定的格局，如图5-94所示。金文是指刻、铸在金属器上的文字，常见于商周青铜器，也称"钟鼎文"。金文多经过书写、刻绘、翻模、铸造、打磨、拓印等工序而成，其笔道肥粗，弯笔多，团块多，字形变化更为丰富，具有浑厚、质朴的质感，如图5-95所示。

小篆是秦始皇统一六国后，由丞相李斯在秦国原来使用的大篆籀文的基础上进行简化，创制出的统一的汉字书写样式。小篆削弱了大篆的象形意味，对外形、部首、笔画等方面都做了规范处理。其形体偏长，笔画圆润，线条浑厚，整体呈现出匀称、庄重、流畅的审美特征，如图5-96所示。

图5-94　龟版甲骨文 　　图5-95　《毛公鼎铭文》局部 　　图5-96　《峄山刻石》

2. 隶书

隶书始创于秦代，成熟于汉代，是在篆书的基础上为适应快速书写的需求而产生的字体。隶书的线条走势呈波浪形，用笔轻重顿挫富有变化，"蚕头燕尾"是隶书的标志性笔画特征。

今日所见的古代隶书作品大体可以分为两类。一类是竹简、木简及丝织物上的墨迹（见图5-97），又称为"简帛书"。其用笔蕴含强烈的大篆笔意，结体介于篆书、隶书之间，部分简帛书的"草"意明显。另一类是汉代碑碣、摩崖上的石刻文字（见图5-98），后人常称其为"汉碑"。其中，碑碣上的隶书形态更为精致、多样，摩崖上的文字则率意豪放、自由张扬。与简帛上的墨迹相比，石刻作品更能全面展现汉代隶书多姿多彩的风格面貌。

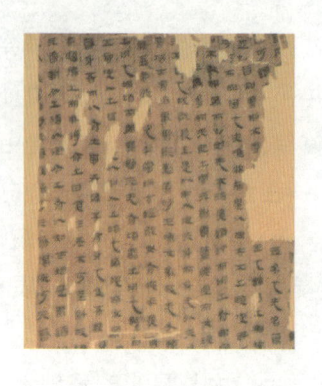

图5-97 《马王堆帛书》局部　　　　　　　图5-98 《张迁碑》局部

3. 草书

草书起源于汉代初期，其结构简省，笔画牵连，书写流畅、快速，字形自由飞动、张弛有度，具有强烈的韵律感和抽象艺术的美感，在书写上具有无穷变化的可能，能自由抒发思想情感，是最能体现书法家创作个性的书体。

草书共经历了章草、今草、狂草（又称"大草"）三个阶段的发展演变。其中，章草是隶书的快捷写法，它保留了隶书的笔画形迹，但不再像隶书那样规矩和严谨，文字的动感开始明显起来，如图5-99所示。今草是章草的进一步草化，书写得更为放纵，形成笔画连绵回绕的字体形态。狂草是草书中最随意的一种形式，它的笔画最为狂放，可以自由地增减，字形多变，书写时一气呵成，狂草的字是否能让人认清已变得不太重要，如图5-100所示。

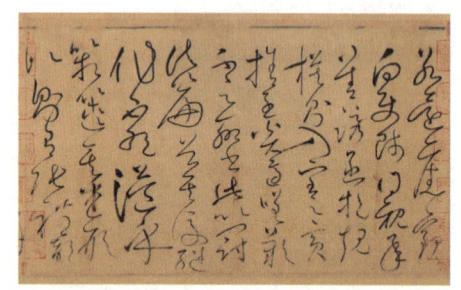

图5-99 《急就章》局部（皇象）　　　　　　图5-100 《自叙帖》局部（怀素）

4. 楷书

楷书又名"正书"或"真书"，它比隶书更加方正，笔法也更为标准规范。楷书是现代汉字手写体的参考标准，现代印刷字体也正是从楷书发展而来。其字形均衡平稳，笔画平直，风格古雅，整齐端庄。

楷书始创于汉末。至唐代，楷书作为社会通用的标准字体得到了广泛的普及和应用，形成了法度森严而又秀美清新的风貌。这一时期，涌现出许多楷书名家，如我们熟知的欧阳询、颜真卿、柳公权，他们的楷书分别被称为"欧体""颜体""柳体"，展示出了唐代书法温妍玉润又不失遒劲之力的"庙堂气象"，如图5-101、

图5-102所示。

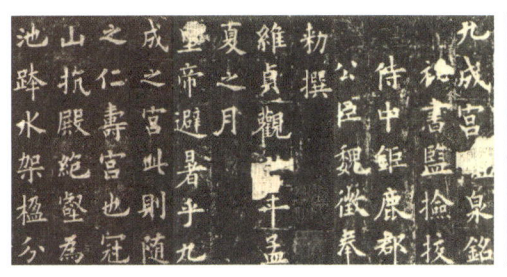

图5-101 《九成宫醴泉铭》局部（欧阳询）　　图5-102 《玄秘塔碑》局部（柳公权）

5. 行书

行书，是介于草书和楷书之间的一种字体，它不像草书那样潦草，也不像楷书那样端正，书写起来既方便快捷又易于辨识，是书法艺术中实用性最强的书体。其字形流畅飞动，刚柔相济，富有表现力，具有典雅优美的特征。行书又可以分为行草和行楷，其中，草法多于楷法的称为"行草"，楷法多于草法的称为"行楷"。

魏晋南北朝时期，行书获得了空前的发展，出现了一批行书名家和经典作品（见图5-103），其中最著名的便是"二王"（王羲之、王献之父子）。唐代，行书进一步发展，其中，颜真卿的行书（见图5-104）苍劲洒脱，气势雄浑，在"二王"风格之外独树一帜，具有极高的艺术水平。

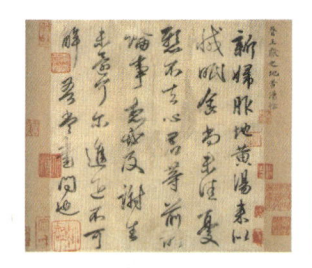

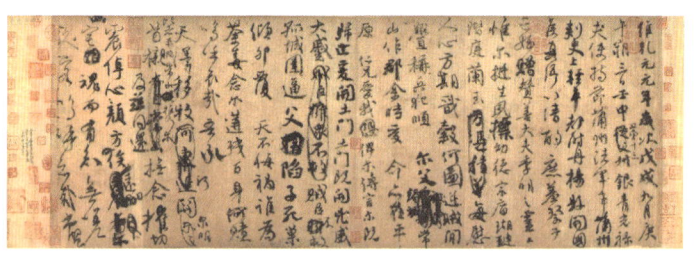

图5-103 《地黄汤帖》局部（王献之）　　图5-104 《祭侄文稿》局部（颜真卿）

美的欣赏

一、篆书——《城隍庙碑》赏析

《城隍庙碑》（见图5-105）是唐代书法家李阳冰担任缙云县令期间撰刻的。该碑刻用细笔、圆笔书写，笔法瘦劲圆转，形神兼备，表现出一种内在的、深沉的、坚韧的爆发力。字体瘦中有硬，伟劲飞动，如"隍"字、"庙"字等。在这一点上，李阳冰拓宽了细笔、圆笔的表现力，是对唐代以前的篆书书体的极大完善。

在线条的勾画上，李阳冰打破了秦代石刻整齐、匀称的方块型排列结构，用流动、飘逸的线条和方圆并举、参差错落的不规则构图，让篆书有了丰富的变化，甚至具有了些许草书的韵味，带给人们一种只可意会、不可言传的艺术意境。

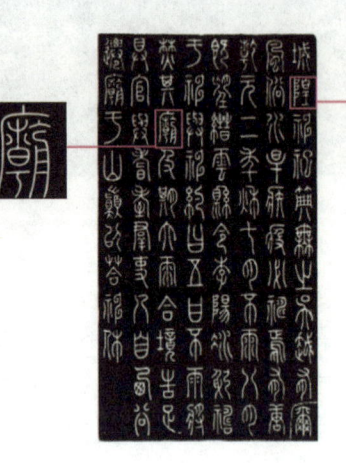

图5-105 《城隍庙碑》局部（李阳冰）

二、隶书——《乙瑛碑》赏析

《乙瑛碑》（见图5-106）是汉代隶书成熟时期的代表作品。在字体风格上，《乙瑛碑》除了具有隶书方圆并举、苍峻朴实而不失潇洒俊逸的共性特点之外，其字形还极力向左侧舒张，字的重心偏右，这一典型特征使得《乙瑛碑》极具动势之美。

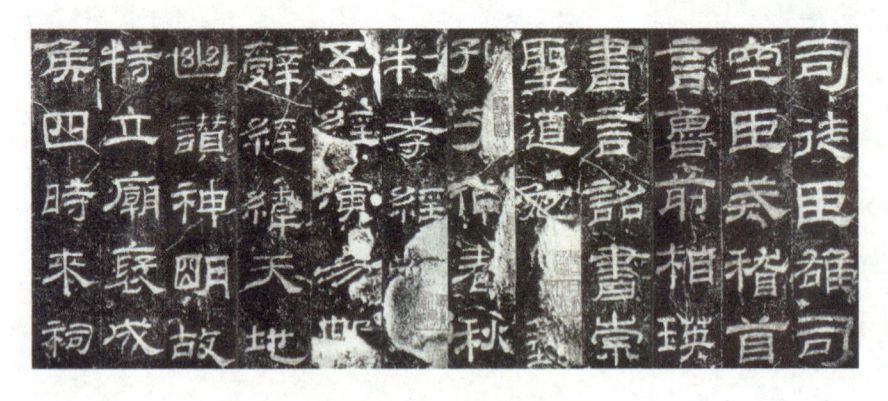

图5-106 《乙瑛碑》局部

在章法上，《乙瑛碑》的字势俯仰有致，字的大小、长短也参差错落，向背分明，使每一点画都入木三分，尤为高妙。在用笔上，《乙瑛碑》藏起笔锋，用中锋运笔，使得字体沉雄劲挺。在线条上，《乙瑛碑》中横、撇、捺等笔画骨肉匀适、流畅而富有变化，呈现出雍容巧丽、秀美超逸的艺术特色。

三、草书——《肚痛帖》赏析

《肚痛帖》(见图5-107)是唐代书法家张旭的代表作,全帖共6行,30个字。帖中的内容是:"忽肚痛不可堪,不知是冷热所致,欲服大黄汤,冷热俱有益。如何为计,非临床。"这幅作品疑是张旭在肚痛的瞬间慌忙写下的。开头的三个字,写得还比较规整,字与字之间并不相连,但从第四字开始,便每行一笔到底,上下缠绵相连,越写越快,越写越狂,越写越奇,颠味十足。正因为张旭有那样的瞬间感觉,所以表现在纸上的笔迹才充满了紧迫性,形成变幻莫测、意想不到的态势。张旭在奋笔疾书中,做到了内容与形式的完美结合,让作品极具画面感和幽默感,将草书的情境表现力发挥到了极致。

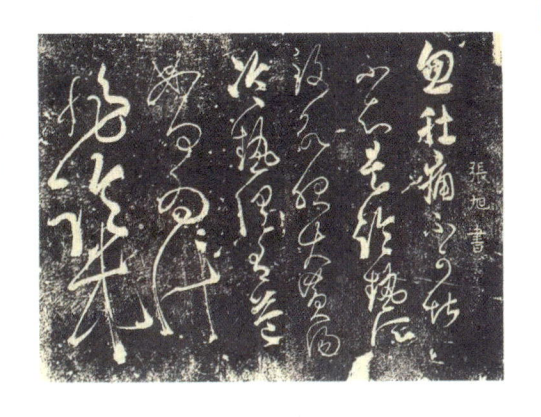

图5-107 《肚痛帖》(张旭)

四、楷书——《皇甫诞碑》赏析

《皇甫诞碑》(见图5-108)也称《皇甫君碑》,是欧阳询的代表作之一。欧阳询的字因结构险绝瘦峻、法度严谨而在楷书中首屈一指。此碑虽然是他早年的作品,但已具备了"欧体"的基本特点。

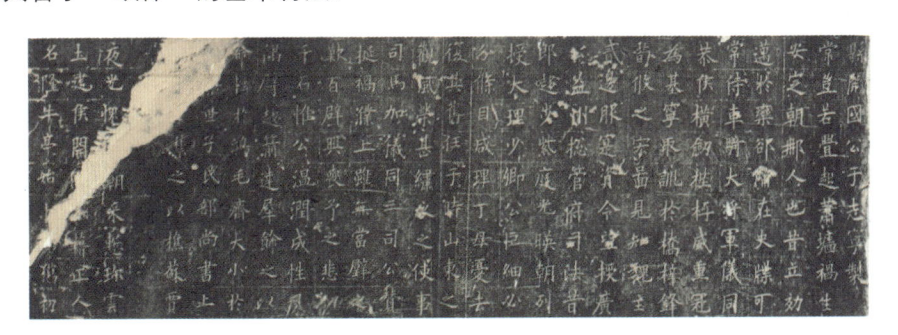

图5-108 《皇甫诞碑》局部(欧阳询)

碑中的字用笔以方为主,紧密内敛,刚劲不挠。行笔稳畅自如,笔笔不作率意处理,谨守楷法,于平险之中追求婉丽之态。章法上字距和行距都拉得比较大,给人以淡雅、清新之感。碑中的一笔一画都成为后世临习的典范。清代书法家翁方纲称赞此碑:"是碑由隶成楷,因险绝而恰得方正,乃率更行笔最见神采,未遽藏锋,是学唐楷第一必由之路也。"

五、行书——《兰亭序》赏析

《兰亭序》（见图5-109），又名《兰亭宴集序》《临河序》等，是东晋书法家王羲之的得意之作，有"天下第一行书"的美誉，被后人奉为书法之圭臬，代表着晋代乃至整个中国书法史上的最高成就。此帖记叙了兰亭周围的山水之美和人们聚会时的欢乐之情，是王羲之与好友在暮春时节"天朗气清，惠风和畅"的情形下，乘兴写下的。

图5-109 《兰亭序》局部（王羲之）

《兰亭序》的布局采用纵有行、横无列、行款紧凑、首尾呼应的方式。行与行之间疏密有致；字与字之间大小参差，不求划一，保持了随手书写的自然姿态，颇得天然潇洒之美。结体或修长，或浑圆，突破了隶书扁平方正的面貌。特别是正文中的20个"之"字，或平稳舒放，或藏锋收敛，或端正如楷，或流利似草，出神入化，无一雷同，极尽娇艳之态。

美的体验

请同学们欣赏汉代《曹全碑》、张旭《古诗四帖》、颜真卿《颜勤礼碑》、米芾《蜀素帖》，并从每件作品中各选择自己喜欢的两个字进行临摹，感受书法艺术的魅力。

同步实训

用经典艺术形象传递精神力量

实训导入

2022年国庆档热映的电影《万里归途》（见图5-110）依托真实的中国撤侨事件，讲述了中国外交官凭借优秀的外交才能与勇气，从局势紧张的战争地区撤回中国同胞、保护本国公民的故事。电影情节惊心动魄又感人至深，外交官宗大伟、成朗等银幕形象更是立体生动,给广大观众留下了深刻印象。影片在传达友情、爱情、亲情之中完成了家国情等主流价值的国际化传播与呈现,使中国故事更加荡气回肠,展示了独具中国特色的精神力量。

图5-110 《万里归途》剧照

优秀的艺术作品能带给人们强烈的艺术感染力,使人们在欣赏这些作品时被其中真实而生动的形象所打动,唤起我们崇高的思想感情。在这一过程中,我们会得到心灵的净化,在不知不觉中形成健康向上的精神品质和道德情操。例如,西方绘画中的圣母形象使人感受到母亲的慈爱、温柔和端庄;画家罗中立笔下的父亲形象则使人感受到中国传统农民的温厚、善良、勤劳、淳朴之美,具有一种感人至深的情感力量。

经典艺术形象并不局限于某一艺术门类,它们以不同的审美形态带给人不同的审美体验。请以小组为单位,选择一件具有代表性的艺术作品,并结合所学知识对作品进行赏析,注意把握作品的深层情感内涵,感受作品中的艺术形象所传递的精神力量。

实训要求

本次实训具体有以下要求。
(1)所选作品的体裁和题材不限。
(2)作品内容积极向上,具有深层精神内涵。
(3)能准确查找作品相关资料。
(4)灵活运用课堂所学知识对作品进行分析。
(5)能发现艺术之美,对作品艺术美有独特见解。
(6)小组内分工合理,配合密切。

实训步骤

1. 自由分组,合理分配任务

学生自由分组,4~6人为一组,并填写"任务分配表",见表5-1所列。

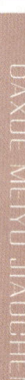

表5-1　任务分配表

班级		组号		指导教师	
小组成员	姓名	学号	任务分工		
组长					
组员					

2．查找资料，分析作品

查找相关资料，选择具有代表性的艺术作品（教材中介绍过的作品除外），对其进行赏析，见表5-2所列。

表5-2　作品赏析表

	具体项目	详细内容
了解作品	作品名称	
	作者简介	
	创作背景	
感受作品	主题思想	
	情感表达	

(续表)

具体项目		详细内容
分析作品	艺术形象	
	表现技法	
	精神内涵	

3．展示优秀作业

在班内展示优秀作业，分享作品赏析过程中的心得体会，并收集、整理教师和同学们的意见、评价。

实训评价

请教师对学生在本次实训过程中的表现与实训完成情况进行评价，见表5-3所列。

表5-3　评分表

考核内容	评分标准	分值	得分
知识与技能（70%）	能准确地查找作品的相关资料	15	
	能理解作品的主题思想，并准确地进行描述	15	
	能准确地分析作品中的艺术形象	15	
	能准确地分析作品中的表现技法	15	
	能准确地分析作品中的精神内涵	10	
德育素养（30%）	体会作品中的深层情感，领略作品的艺术魅力	10	
	对作品有独特见解，树立正确的审美观	10	
	具有良好的团队精神和团队协作能力	10	
总评	优□　良□　中□　及格□　不及格□	总分	

备注：总体评价中，90～100分为"优"，80～89分为"良"，70～79分为"中"，60～69分为"及格"，60分以下为"不及格"。

成果检测

请结合本单元的学习情况和实训的完成情况,对本单元的学习成果进行自评、互评,并请教师进行总体评价,见表5-4所列。

表5-4 成果评价表

班级		组号		日期		
姓名		学号		指导教师		
单元名称		心灵的旋律:艺术美				
评价内容	评价标准		分值	评价得分		
				自评	互评	师评
知识与技能(40%)	能够了解不同艺术门类的基本特征		10			
	能够掌握不同艺术门类的艺术语言和欣赏方法		15			
	能够在形成感性认识的基础上,通过理性分析鉴赏艺术作品		15			
过程与方法(30%)	课前认真预习,形成对艺术美的初步印象		5			
	积极搜集生活中你认为能表现艺术美的作品图片及音视频等资料		10			
	积极参与课堂互动,高效完成课下活动和同步实训		10			
	课后及时总结并复习		5			
综合素养(30%)	在小组讨论及参与实训活动的过程中,能够很好地表达自己的审美感受,保持对艺术的热爱		15			
	在实践中,与同学协调配合,具备团队协作能力、人际交往能力和分析解决问题的能力		15			
总评	自评(20%)+互评(20%)+师评(60%)			教师(签名):		

备注:可结合学习目标,采用教师评价、学生自评、学生互评、专家点评等方式对本单元的学习情况进行多元化评价。

素质园地

以笔墨传承民族精神——徐悲鸿的爱国情怀

2018年1月，中国美术馆举办"民族与时代——徐悲鸿主题创作大展"，这是观众与美术大师徐悲鸿之间一次难得的对话机会。

徐悲鸿在"五四"以来中国革命的各个时期，创作了《田横五百士》等大批高扬民族精神的名作。"吾国之理想派，乃能大放光明于世界，因吾国五千年来之神话、之历史、之诗歌，蕴藏无尽。"返回中国古代典籍里的历史故事，将文学作品转换为艺术形象，乃是徐悲鸿独辟的一条复兴中华民族精神之道。

《田横五百士》（见图5-111）取材于《史记·田儋列传》，表现了田横与五百壮士离别时的场景，悲壮气概撼人心魄。画中的男女老幼构成悲愤难当的画面节奏，汇成一种英雄主义气概。从1928年至1930年，徐悲鸿用三年时间完成这幅巨作，意在通过田横故事，借古喻今，希望中华民族仍有这种不屈不挠的精神，启迪中国人民振作精神，复兴中华。

图5-111 《田横五百士》（徐悲鸿）

作为一名正直敏感的艺术家，徐悲鸿时刻心系祖国，将民族气节融入艺术作品，是画品与人品高度统一的艺术巨匠。他的艺术理想及其未完成的志业，在当代仍有非常重大的现实意义。

（资料来源：徐悲鸿文化艺术网，有改动）

第六单元

6 人生的境界：辞章美

单元导读

辞章美是指以语言为表现形式的各类辞章所呈现的美。辞章包括诗词、散文、小说、格言、谚语和对联等一切语言文化样式。由于辞章种类繁杂，数量又特别多，要一一介绍难免蜻蜓点水，无法真正体现辞章美的精髓。因此，本章仅以极富魅力的诗词曲为例对辞章美进行解析。

学习目标

知识目标	了解《诗经》的基本特点及历史成就 掌握唐诗的形式、分期、派别以及著名诗人的称号 掌握宋词的特点、词牌的来源以及宋词的派别 了解元曲的基本特点及历史成就
能力目标	能够从经典的诗词曲作品中领略辞章美，感受古人的智慧与情怀，体会中华文明的博大精深
素质目标	提高美育素养，能运用所学知识赏析诗词曲之美 在实训中，与同学协调配合，提高人际交往能力和解决问题的能力

第一讲　诗经之美

美的印象

美哉，诗经

张吉义

有一种美，无须修饰
那是从心里流出来的长歌
河畔滩头，关关雎（jū）鸠的鸣唱声里
我们听见了"窈窕淑女，君子好逑"的爱情箴言
山野林地，坎坎伐檀声里
我们看见一群袒露的脊背上
迸发出的"不稼不穑，胡取禾三百亿兮"的悲愤
旌旗呼啸处
我们听见了出征将士"岂曰无衣？与子同袍"的怒吼
无论放浪还是婉约
无论高歌引吭还是踱步吟哦
听起来都是那样的自然、真切、活脱、透明
纯粹得就像远古的天空，无邪得就像源头的活水
这，就是诗经

有一种美不会凋谢
那是盛开在一个民族血脉上的鲜花
三千多年前，在一个古老的国度里，那些没有留下姓氏的先民
将生活、爱情、劳动揉进琴瑟
穿越于关中走廊、中原沃野、齐鲁大地、燕山脚下
让散布在山间田野里的飞歌流韵
漫延成一条生生不息的歌的长河
这，就是《诗经》

第六单元　人生的境界：辞章美

历史的风吹落了无数的皇冠，吹散了无尽的繁华

却吹不断那一串串带响的竹简，以及竹简上留下的无数指纹的风景

三千年涛声云灭，不变的，还是那跳动着生命活力的人性之美

桃之夭夭，灼灼其华

执子之手，与子偕老

谷则异室，死则同穴

呦呦鹿鸣，食野之苹

我有嘉宾，鼓瑟吹笙

这是无与伦比的东方之美啊

美的河流，美的田野，美的天空，美的云彩

更有美的人，美的情操，美的节奏，美的律动

在人类所有关于美的描绘中

诗经是最美的容貌

来吧，让我们沿着诗三百的诗行

去踏青，去漂流，去追寻

去拾起尘封记忆中永远的歌

哦，美哉，诗经！

美的视窗

《诗经》之美

《诗经》是我国第一部诗歌总集，共包含305篇作品，代表着西周初年至春秋中叶500多年间的诗歌创作成就。《诗经》分为风、雅、颂三个部分。其中，"风"包括《周南》《召南》《邶（bèi）》《鄘（yōng）》《卫》《王》《郑》《齐》《魏》《唐》《秦》《陈》《桧》《曹》《豳（bīn）》，合称"十五国风"，共160篇，多是诸侯国家或地区的民间歌谣；"雅"分《小雅》和《大雅》，共105篇，多是朝廷官吏、公卿大夫的作品；"颂"分《周颂》《鲁颂》《商颂》，共40篇，多是朝廷庙堂、王侯公卿举行祭祀或其他重大典礼时专用的乐歌。

汉代学者对《诗经》提出"六义"之说，如《毛诗序》曰："故诗（即《诗经》）有六义焉：一曰风，二曰赋，三曰比，四曰兴，五曰雅，六曰颂。"其中，"风""雅""颂"是就《诗经》类别而言的，既与内容相关，又与音乐相系。"风"的作者主要是民间诗人，所写多是"俚巷歌谣"之诗；"雅""颂"的作者主要是贵族文人，即所谓"贤人君子"或"圣人之徒"，所写多是朝廷郊庙乐歌之辞。

赋、比、兴则是就《诗经》的艺术手法而言的。朱熹说过"赋者，敷也，敷陈其事而直言之者也""比者，以彼物比此物也""兴者，先言他物以引起所咏之词也"。从艺术实践来看，赋是铺陈叙事，描摹景物，状写（描绘）情态（人的心理和肢体活动情形），借以抒情议论的艺术手法；比，就是打比方，是一种渲染事物、突出特征、强化形象的艺术手法，也是一种较为常见的抒情手段；兴，是发端起兴之意，诗人往往先见他物，忽然触动了早已潜伏于头脑中的某种思绪，感情波澜起伏，很自然地唱出自己的心声，具有渲染气氛、衬托意境、耐人寻味的艺术效果。

《诗经》的艺术成就不仅表现在它的艺术手法上，还表现在其章法、句式、韵律和内容等方面。《诗经》常用民歌的重章叠句的结构形式，使章节回环复沓，以强化诗歌的音乐美，增强表情达意的审美效果；多数篇章的典型句式为四言句式，以"二二"节拍为基本节奏，但为了抒情的需要、叙事的连贯，也常常突破四言格式，而运用一、二、三言等句式；其内容涵盖社会生活的方方面面，也涉及劳动人民的思想感情。例如，《硕鼠》《伐檀》揭露了统治者的腐朽；《伯兮》《君子于役》表达了对徭役的憎恨；《静女》《蒹葭》歌颂了男女之间真挚的爱情；《氓》则描述了妇女的不幸遭遇。

《诗经》开创了我国古代现实主义诗歌的先河，被儒家奉为经典，成为《六经》（包括《诗》《书》《礼》《易》《乐》《春秋》）之一。

美的欣赏

一、《诗经·秦风·蒹葭》赏析

诗经·秦风·蒹葭

蒹葭苍苍①，白露为霜。所谓伊人②，在水一方。
溯洄从③之，道阻且长。溯游④从之，宛在水中央。
蒹葭凄凄⑤，白露未晞⑥。所谓伊人，在水之湄⑦。
溯洄从之，道阻且跻⑧。溯游从之，宛在水中坻⑨。
蒹葭采采⑩，白露未已⑪。所谓伊人，在水之涘⑫。
溯洄从之，道阻且右⑬。溯游从之，宛在水中沚⑭。

作品简介

这首诗选自《诗经·国风·秦风》，主要用了"兴"的艺术手法，先绘景再抒情，表达了对"伊人"求之难得、弃之难舍的企盼、追寻、渴求与向往。诗中的"伊人"

是诗人理想中最亲近的、热烈追求的对象,也是诗人心中美好事物的化身。

注 释

① 蒹(jiān)葭(jiā):芦苇。苍苍:茂盛的样子。② 伊人:这个人。③ 溯洄:逆流而上。从:追寻。④ 溯游:顺流而下。⑤ 凄凄:通"萋萋",草木茂盛。⑥ 晞(xī):干。⑦ 湄(méi):岸边。⑧ 跻(jī):登高。⑨ 坻(chí):水中的小洲或高地。⑩ 采采:众多,繁盛。⑪ 已:止。⑫ 涘(sì):水边。⑬ 右:弯曲,迂回。⑭ 沚(zhǐ):水中的小块陆地。

诗化译文

河边芦苇青苍苍,秋深露水结成霜。意中之人在何处?就在河水那一方。
逆着流水去找她,道路险阻又太长。顺着流水去找她,仿佛在那水中央。
河边芦苇密又繁,清晨露水未曾干。意中之人在何处?就在河岸那一边。
逆着流水去找她,道路险阻攀登难。顺着流水去找她,仿佛就在水中滩。
河边芦苇密且稠,早晨露水未全收。意中之人在何处?就在水边那一头。
逆着流水去找她,道路险阻曲难求。顺着流水去找她,仿佛就在水中洲。

作品鉴赏

如果把诗中的"伊人"认定为情人、恋人,那么,这首诗就表现了抒情主人公对美好爱情的执着追求和求而不得的惆怅心情。诗中的精神是可贵的,感情是真挚的,但希望是渺茫的,处境是可悲的。

这首诗最有价值、最能使人产生共鸣的部分,不是抒情主人公的追求和失落,而是他所创造的"在水一方"、可望难即的艺术意境。由于诗中的"伊人"没有具体所指,而河水的意义又在于阻隔,所以凡世间一切因受阻而难以达到的追求,都可以从中找到情感共鸣。这里的"伊人",可以是贤才、友人、情人,可以是功业、理想、前途,甚至可以是福地、圣境、仙界;这里的"河水",可以是高山、深堑,可以是宗法、礼教,也可以是现实生活中可能遇到的障碍。

从创作的角度看,这首诗每章的前两句都是以秋景起兴,引出正文。诗人抓住秋色独有的特征,不惜用浓墨重彩反复描绘、渲染深秋空寂悲凉的氛围,以抒写诗人怅然若失而又热烈企慕的心境。这首诗以水、芦苇、霜、露等意象营造了一种朦胧、清新又神秘的意境。早晨的薄雾笼罩着一切,晶莹的露珠已凝成冰霜,一位羞涩的少女缓缓而行。"蒹葭""水""伊人"的形象相互映衬,浑然一体,用作起兴的事物与所要描绘的对象形成一个完整的艺术世界,这正是"一切景语皆情语"的体现。

总之,《蒹葭》这首诗的丰富美感,不论是从欣赏的角度,还是从创作的角度,都值得我们予以认真探讨。正如著名诗人闻一多所说:"我们很难确定它究竟是招隐还是怀春,只觉得它百读不厌。"

二、《诗经·郑风·子衿》赏析

诗经·郑风·子衿

青青子衿①,悠悠②我心。纵我不往,子宁③不嗣音④?
青青子佩⑤,悠悠我思。纵我不往,子宁不来?
挑兮达兮⑥,在城阙⑦兮。一日不见,如三月兮。

作品简介

这首诗是一首情诗。作者热恋着一位青年,他们相约在城阙见面,但久等青年不至,作者望眼欲穿,焦急地来回走动,埋怨情人不来赴约,更怪他不捎信来,于是唱出此诗寄托其情思。曹操在《短歌行》中就引用了"青青子衿,悠悠我心"两句,并将其原有的男女之情升华为渴求人才之叹,《诗经》对后世文人的启发和影响,从中可见一斑。

注 释

① 子衿:周代读书人的服装。子:男子的美称,这里即指"你"。衿:即襟,衣领。② 悠悠:忧思不断的样子。③ 宁(nìng):岂,难道。④ 嗣音:寄传音讯。嗣:通"贻",给、寄的意思。⑤ 佩:这里指系佩玉的绶带。⑥ 挑兮达兮:独自走来走去的样子。挑:也作"佻"。⑦ 城阙:城门两边的观楼。

诗化译文

青青的是你的衣领,悠悠的是我的思念。纵然我不曾去会你,难道你不把音信传?
青青的是你的佩带,悠悠的是我的情怀。纵然我不曾去找你,难道你不能主动来?
来来往往张眼望啊,在这高高的城楼上。一天不见你的面啊,好像有三月那样长!

作品鉴赏

这首诗写一名女子在城楼上等候她的恋人。前两章以"我"的口气自述怀人。"青青子衿""青青子佩",是以恋人的衣饰借指恋人。对方的衣饰给她留下这么深刻的印象,使她念念不忘,可见其相思萦怀之情。如今因受阻不能前去赴约,只好等恋人过来相会,可望穿秋水,不见人影儿,浓浓的爱意不由转化为惆怅与幽怨:"纵然

我没有去找你，你为何就不能捎个音信？纵然我没有去找你，你为何就不能主动前来？"第三章点明地点，描写她因久候恋人不至而心烦意乱，在城楼上来来回回地走个不停，觉得虽然只有一天没有见面，却好像分别了三个月那么漫长。

全诗不到五十个字，但女主人公等待恋人时焦灼万分的情状宛若眼前。能取得这种艺术效果，在于诗人在创作中运用了大量的心理描写。诗中表现这名女子的动作行为仅仅使用了"挑""达"二字，主要笔墨都用在了刻画她的心理活动上，如前两章对恋人既全无音信，又不见人影儿的埋怨。两段埋怨之辞，以"纵我"与"子宁"对比，急盼之情中不无矜持之态，令人生出无限想象，可谓字少而意多。末尾的内心独白，则通过夸张的修辞技巧，造成主观时间与客观时间的反差，从而将其强烈的情绪充分地表现了出来。心理描写手法在后世文坛发展得十分成熟，而上溯其源，此诗已开其先。

这首诗是《诗经》众多情爱诗歌作品中较有代表性的一篇，它鲜明地体现了那个时代的女性所具有的独立、自主、平等的思想观念和精神实质，女主人公在诗中大胆表达自己的情感，这在《诗经》以后的历代文学作品中也是少见的。

美的 体验

《诗经》中有许多名篇，下面列举其中两篇，请同学们赏析、朗诵，并以班级为单位，举办以《诗经》为主题的诵咏会，共同体验《诗经》中的"思无邪"。

诗经·王风·采葛

彼采葛兮，一日不见，如三月兮！
彼采萧兮，一日不见，如三秋兮！
彼采艾兮，一日不见，如三岁兮！

诗经·卫风·木瓜

投我以木瓜，报之以琼琚。匪报也，永以为好也！
投我以木桃，报之以琼瑶。匪报也，永以为好也！
投我以木李，报之以琼玖。匪报也，永以为好也！

第二讲　唐诗之美

美的印象

唐诗之美

刘禹锡放出他的堂前燕
一飞就是上千年
夜半钟声传至今
现代人能否登上诗人的客船
李白送友，杜甫逢君
迎来送往成为你我心中的绝唱
牧童一指，杜牧先生让野村出了名
浩然风雨声，发酵了世人多少美梦
天地悠悠
走来了一个陈子昂，伟大而忧伤

春风化雨，唐诗化人
床前明月光，疑是地上霜
儿时的吟诵伴着华人走向四方
唐诗一唱，天下美名远扬
啊，我们都是中国人
中国人称唐人
唐诗就是我们的魂
喜乐哀愁总是美的感受
悲欢离合总是苍茫的感觉
中国人的思，中国人的情
能否像那堂前的燕
再越千年，越光年
越千年，越光年
让我们吟诵，让我们高唱

举头望明月，低头思故乡
举头望月，方知我们是一家人
低头思乡，才知我们拥有共同的根
　人类的思，人类的情
　　能否像那堂前的燕
　　再越千年，越光年
　　越千年，越光年
飞入银河内外舞蹁跹

美的视窗

一、唐诗的形式

唐诗是中华民族最珍贵的文化遗产之一，是中华文化宝库中的一颗明珠。唐诗的形式和风格丰富多彩。它不仅继承了周秦民歌、汉魏乐府传统，还大大发展了歌行体的样式；不仅继承了前代的五言、七言古诗，还发展为叙事言情的鸿篇巨制；不仅扩展了五言、七言形式的运用，还创造了风格优美整齐的近体诗。

唐代古体诗又称"古风"，其对音韵格律的要求比较宽松：一首之中，句数可多可少，篇章可长可短，韵脚可以转换。唐代近体诗又称"格律诗"，其对音韵格律的要求比较严格：一首诗的句数有限定，即绝句四句、律诗八句，每句诗中用字的平仄声有一定的规律，韵脚不能转换，律诗还要求中间四句对仗。近体诗是当时的新体诗，它的创造和成熟，在唐代诗歌发展史上极为重要。它把我国古曲诗歌的音节和谐、文字精练的艺术特色，推到前所未有的高度，为古代抒情诗找到一个最典型的形式，至今还为人们所喜闻乐见。

二、唐诗的分期

初唐时期： 这一时期的代表作家是"初唐四杰"——王勃、杨炯、卢照邻、骆宾王。他们的诗文虽未完全脱离齐梁以来的绮丽诗风，但已初步扭转文学风气。初唐诗人的另一个代表人物是陈子昂，他的诗文一扫六朝纤弱，重建建安风骨，为盛唐时期诗歌的发展奠定了基础。在文风上，初唐时期的作品气象万千、雄浑博大，已经从南北朝狭隘的宫体诗（既指一种描写宫廷生活的诗体，又指在宫廷中形成的一种诗风）中逐渐走了出来，开辟了新的世界。

盛唐时期： 这一时期社会经济繁荣，国力强盛，唐诗发展至巅峰时期。该时期唐诗题材广泛，流派众多，出现了"边塞诗派""山水田园诗派"等派别。伟大的浪漫主义诗人李白和现实主义诗人杜甫，是这一时期的杰出代表。他们的诗雄视千古，为一代之冠，无论五绝七绝、五律七律、古风歌行皆取得很高的艺术成就，正如韩愈所说"李杜文章在，光焰万丈长"。该时期脍炙人口的名篇佳作不胜枚举，如王维的《相思》、孟浩然的《春晓》、李白的《静夜思》《梦游天姥吟留别》《将进酒》、杜甫的《春望》等。

中唐时期： 该时期白居易、元稹发起了新乐府运动。白居易提出"文章合为时而著，歌诗合为事而作"的进步理论主张，其诗明白晓畅，通俗易懂，深受群众喜爱，代表作有《长恨歌》《琵琶行》等；元稹的代表作有《菊花》《离思五首》《遣悲怀三首》等。此外，刘禹锡、李贺也颇有成就。

晚唐时期： 该时期较著名的诗人有温庭筠、李商隐、杜牧、韦庄等。其中，李商隐和杜牧被称为"小李杜"。

三、唐诗的派别

从诗歌题材来看，唐诗的派别主要有山水田园诗派和边塞诗派。

山水田园诗派的题材多为青山白云、幽人隐士，风格多恬静雅淡，富于阴柔之美，形式多五言古诗、五言绝句、五言律诗，代表作品有王维的《山居秋暝》和孟浩然的《过故人庄》等。

边塞诗派的诗有的描写战争与战场，表现保家卫国的英勇精神；有的描写雄浑壮美的边塞风光、奇异的风土人情；有的描写战争的残酷、军中的黑暗、征戍的艰辛，表达对和平的向往和忧国忧民的情怀。边塞诗派的代表作品有高适的《燕歌行》《蓟门行五首》《塞上》《塞下曲》、岑参的《白雪歌送武判官归京》、王昌龄的《出塞》、李益的《从军北征》、王之涣的《凉州词》、李颀的《古意》等。

从诗歌风格来看，唐诗的派别主要有浪漫诗派和现实诗派。

浪漫诗派以抒发个人情怀为中心，多咏唱对自由人生、个人价值的渴望与追求，风格多自由、奔放，想象丰富，气势宏大，主张语言自然，反对雕琢，代表作品有李白的《将进酒》《月下独酌四首》《梦游天姥吟留别》《蜀道难》等。

现实诗派多表现忧时伤世、悲天悯人的情怀，风格多沉郁顿挫，代表作品有杜甫的《三吏》《三别》《登高》《春望》《客至》《兵车行》等。

四、诗人的称号

（1）**诗骨：** 陈子昂，其诗词意激昂，风格高峻，大有"汉魏风骨"。

（2）**诗杰：** 王勃，其诗流利婉畅，宏放浑厚，独具一格。

（3）**诗狂：** 贺知章，其人秉性放达，自号"四明狂客"，其诗豪放旷达。

（4）诗家天子（另一种说法是"诗家夫子"）、七绝圣手：王昌龄，其七绝写得"深情幽怨，意旨微茫"。

（5）诗仙：李白，其诗想象丰富奇特，风格雄浑奔放，色彩绚丽，语言清新自然。

（6）诗圣：杜甫，其诗紧密结合时事，思想深厚，境界广阔。

（7）诗佛：王维，其不少诗歌中有浓厚佛教禅宗意味，以禅入诗。

（8）诗鬼：李贺，其诗善于熔铸词采，驰骋想象，且运用神话传说创造出许多璀璨多彩的形象。

（9）诗魔：白居易，其作诗非常刻苦，"酒狂又引诗魔发，日午悲吟到日西"。

（10）诗豪：刘禹锡，其诗沉稳凝重，格调自然，白居易赠其"诗豪"的美誉。

（11）诗囚：孟郊，其作诗苦心孤诣，多写世态炎凉、民间苦难，元好问曾称之为"诗囚"。

（12）诗奴：贾岛，其一生以作诗为命，好刻意苦吟。

美的欣赏

一、《送杜少府之任蜀州》赏析

送杜少府之任蜀州

（初唐）王勃

城阙辅三秦①，风烟望五津②。
与君③离别意，同是宦游④人。
海内⑤存知己，天涯⑥若比邻⑦。
无为⑧在歧路⑨，儿女共沾巾⑩。

《送杜少府之任蜀州》欣赏

作品简介

王勃，初唐诗人，字子安，绛州龙门（今山西河津）人。"少府"是唐代对县尉的通称。这位姓杜的少府将到四川蜀州（今四川崇州）去上任，王勃在长安（今陕西西安）相送，临别时赠送给杜少府这首送别诗。

注　释

① 城阙（què）辅三秦：城阙，即城楼，指唐代京师长安城。辅，护卫。三秦，指长安城附近的关中之地，即今陕西省潼关以西一带。这句是倒装句，意思是京师长安由三秦保护。② 风烟望五津："风烟"两字名词用作状语，表示行为的处所；五

津,指岷江的五个渡口,即白华津、万里津、江首津、涉头津、江南津,这里泛指蜀州。全句是说在风烟迷茫之中,遥望蜀州。③ 君:对人的尊称,相当于"您"。④ 宦(huàn)游:出外做官。⑤ 海内:四海之内,即全国各地。⑥ 天涯:天边,这里比喻极远的地方。⑦ 比邻:并邻,近邻。⑧ 无为:无须、不必。⑨ 歧(qí)路:岔路。古人送行常在大路分岔处告别。⑩ 沾巾:泪水沾湿衣服和腰带。意思是挥泪告别。

诗化译文

巍巍长安,雄踞三秦之地;渺渺四川,却在迢迢远方。
你我命运何等相仿,奔波仕途,远离家乡。
只要有知心朋友,四海之内不觉遥远。即便在天涯海角,感觉就像近邻一样。
岔道分手,实在不用儿女情长,泪洒衣巾。

作品鉴赏

首联"城阙辅三秦,风烟望五津",一起笔就创造出雄浑壮阔的气象,使人有一种天空寥廓、意境高远的感受,为全诗奠定了豪壮的感情基调。

颔联"与君离别意,同是宦游人",作者在这里用两人处境相同、感情一致来宽慰朋友,以减轻他的悲凉和孤独之感,惜别之中显现诗人阔大的胸襟。

颈联"海内存知己,天涯若比邻",把前面淡淡的伤离情绪一笔荡开,诗人指出,只要我们心意相通,即使远隔天涯,也犹如近在咫尺。这句诗含义极为深刻,道出了诚挚的友谊可以超越时空界限的哲理,给人以莫大的安慰和鼓舞,因而成为脍炙人口的千古名句。

尾联"无为在歧路,儿女共沾巾",慰勉友人不要像青年男女一样,为离别泪湿衣巾,而要心胸豁达,坦然面对,足见情深意长。同时,全诗气氛变悲凉为豪放。

这首诗四联均紧扣"离别"起承转合,诗中既展现了离情别意及友情,又具有深刻的哲理、开阔的意境、高昂的格调,不愧为古代送别诗中的佳作。

二、《月下独酌四首·其一》赏析

月下独酌四首·其一

(盛唐)李白

花间一壶酒,独酌无相亲①。
举杯邀明月,对影成三人②。
月既不解③饮,影徒④随我身。

暂伴月将⑤影，行乐须及春⑥。
我歌月徘徊⑦，我舞影零乱⑧。
醒时同交欢⑨，醉后各分散。
永结无情游⑩，相期邈云汉⑪。

作品简介

李白，字太白，号青莲居士，是唐代最伟大的浪漫主义诗人。《月下独酌四首》是李白的组诗作品，这是其中一首，约作于唐玄宗天宝三载（744年），此时李白正处于官场失意之时。

注释

① 无相亲：没有亲近的人。② "举杯"二句：我举起酒杯招引明月共饮，明月、我及我的影子恰恰合成三人。另有一说月下人影、酒中人影和我为三人。③ 不解：不懂，不理解。④ 徒：徒然，空。⑤ 将：和，共。⑥ 及春：趁着春光明媚之时。⑦ 月徘徊：月光随我来回移动。⑧ 影零乱：因起舞而身影纷乱。⑨ 同交欢：一起欢乐。⑩ 无情游：月、影没有知觉，不懂感情，李白与之结交，故称"无情游"。⑪ 相期邈（miǎo）云汉：期，约会；邈，遥远；云汉，银河，这里指瑶天仙境。

诗化译文

提一壶美酒摆在花丛间，自斟自酌无友无亲。
举杯邀请明月，对着身影共三人。
明月当然不会喝酒，影子也只是空随我身。
我只好和它们暂时结成酒伴，要行乐就须把握美好的春光。
我唱歌月光徘徊，我起舞身影零乱。
醒时一起欢乐，醉后各自分散。
我愿与他们永远结下忘掉伤情的友谊，相约在缥缈的银河边。

作品鉴赏

诗的题目是"月下独酌"，诗人运用丰富的想象，表现出一种由孤独到不孤独，再由不孤独到孤独的复杂情感。诗人上场时，背景是花间，道具是一壶酒，登场角色只他一个人，动作是独酌，加上"无相亲"三个字，场面单调得很。于是诗人突发奇想，把天边的明月和月光下他的影子拉了过来，连他自己在内，化成了三个人，举杯共酌，冷清的场面顿时热闹了起来。从表面看，诗人自得其乐，可是内心深处却有无限的凄凉。全诗笔触细腻，构思奇特，体现了诗人怀才不遇的寂寞和孤傲，以及在失意中依然旷达乐观、放浪形骸、狂荡不羁的豪放个性。全诗诗情波澜起伏，为后人所传诵。

美的 体验

每一首唐诗，都是鲜活的游历图；每一位诗人，都是资深的旅行家。以班级为单位，举办"唐诗带我去旅行"活动，让同学们给唐诗配图、配游记、配感悟、配视频等，并在班会上进行朗诵、分享，通过多种方式品读唐诗的悠悠古韵，共赏祖国的壮美山河，让同学们足不出户就能游遍大美中国，品味文化远香，涵养文化自信。

第三讲　宋词之美

美的 印象

鹤冲天·宋词之美

绵绵宋词，道不完愁思。苏轼登楼叹，江水逝。放翁泪示儿，才女清照戚戚，辛翁呼剑气。斜阳小径，更添哀怨几丝。

才子柳永，自诩白衣卿相。豪放婉约风，俱跌宕。品罢诸贤心绪，茶一盏，细思量。多情易感伤，穿越千古，仍是情深绵长……

美的 视窗

一、宋词的特点

在中国古代文学的阆（làng）苑里，宋词是一座芬芳绚丽的园圃，园内姹紫嫣红，令人沉醉。它与唐诗争奇，与元曲斗艳，是一代文学之盛。

词是音乐文学，是一种句式长短不齐的用以配乐歌唱的抒情诗，即先有了曲谱，然后再"倚声填词"。按长短规模，词大致可分小令（58字以内，不分上下阕）、中调（59～90字）和长调（91字以上，最长的词达240字）。一首词，有的只有一段，称为单调；有的分两段，称为双调；有的分三段或四段，称为三叠或四叠。宋词的句

子有长有短，便于歌唱。因宋词是合乐的歌词，故又称"曲子词""乐府""乐章""长短句""诗余""琴趣"等。

二、词牌的来源

每首词都有一个表示音乐性的词牌，又叫"词调"，用来规定词的音律。正所谓"调有定句，句有定字，字有定声"。而关于词牌的来源，通常有以下三种情况。

1. 乐曲的名称

有些词牌本来是乐曲的名称，如《菩萨蛮》。相传唐代大中初年，女蛮国派遣使者进贡，她们梳着高髻，戴着金冠，满身璎（yīng）珞（luò），看起来像菩萨，当时的教坊因此谱成《菩萨蛮》曲。据说唐宣宗爱唱《菩萨蛮》，可见它是当时风行一时的曲子。此外，《西江月》《风入松》《蝶恋花》等，都属于这一类，都是来自民间的曲调。

2. 摘取一首词中的几个字

有些词牌是摘取了一首词中的几个字，如《忆秦娥》。因为依照这个格式写出的最初一首词开头两句是"箫声咽，秦娥梦断秦楼月"，所以词牌既叫《忆秦娥》，又叫《秦楼月》。类似地，《忆江南》原名《望江南》，但因白居易有一首咏"江南好"的词的最后一句是"能不忆江南"，所以词牌又叫《忆江南》；《如梦令》原名《忆仙姿》，改名《如梦令》是因为后唐庄宗所写的《忆仙姿》中有"如梦，如梦，残月落花烟重"等句；《念奴娇》又叫《大江东去》，这是由于苏轼有一首《念奴娇》，其第一句是"大江东去"。

3. 词的题目

有些词牌本来就是词的题目。例如，《踏歌词》咏的是舞蹈，《舞马词》咏的是舞马，《欸乃曲》咏的是泛舟，《渔歌子》咏的是打鱼，《浪淘沙》咏的是浪淘沙，《抛球乐》咏的是抛绣球，《更漏子》咏的是夜……这种情况是最普遍的，凡是词牌下面注明"本意"的，就是表明词牌同时也是词题，也就不再另拟题目了。

三、宋词的派别

按照风格划分，宋词的派别主要可分为婉约派和豪放派。

"婉约"一词，最早见于先秦古籍《国语·吴语》中的"故婉约其辞"，"婉"为柔美、婉曲；"约"的本义为缠束，引申为隐约、微妙。"婉约"颇能概括一大类词的特色。从晚唐五代文人到温庭筠、冯延巳、晏殊、欧阳修、秦观、李清照等，一系列词坛名家的词风虽不无差别、各擅胜场，但大体上都可归于婉约范畴。

婉约派词多写男女情爱、离情别绪、伤春悲秋、光景流连，其风格多婉丽柔美、含蓄蕴藉，一般结构缜密，重视音律婉转和谐，语言圆润，清新绮丽，具有柔婉之美，代表作品有李煜的《虞美人·春花秋月何时了》、晏殊的《浣溪沙·一曲新词酒一杯》、李清照的《如梦令·常记溪亭日暮》、柳永的《雨霖铃·寒蝉凄切》等。

"豪放"一词其义自明。五代李煜的"金剑已沉埋，壮气蒿莱"（《浪淘沙》），已见豪气。范仲淹的《渔家傲·秋思》也是"沉雄似张巡五言"。正式高举豪放旗帜的是苏轼，其《江城子·密州出猎》抒发了自己"亲射虎，看孙郎"的豪迈和"会挽雕弓如满月，西北望，射天狼"的壮志，与辛弃疾的"马作的卢飞快，弓如霹雳弦惊"（《破阵子·为陈同甫赋壮词以寄之》）及"看试手，补天裂"（《贺新郎》）等"壮词"相呼应，使得豪放之作在词坛振起雄风，彰显了强烈的爱国主义精神，唱出了当时的时代最强音。

然而，苏轼认为"短长肥瘦各有态""淡妆浓抹总相宜""端庄杂流丽，刚健含婀娜"。他崇尚自由而不拘一格，因此其诗词也并不拘泥于豪放一格。

总的来说，豪放派词的特点是创作视野较为广阔，气势恢宏，磅礴大气，语词宏博，用典较多，代表作品有苏轼的《江城子·密州出猎》、辛弃疾的《破阵子·为陈同甫赋壮词以寄之》、陆游的《卜算子·咏梅》等。

美的欣赏

一、《相见欢·无言独上西楼》赏析

相见欢·无言独上西楼

（五代·南唐）李煜

无言独上西楼，月如钩。寂寞梧桐深院锁清秋①。
剪不断，理还乱，是离愁②。别是一般③滋味在心头。

作品简介

李煜，五代十国时南唐国君，字重光，初名从嘉，号钟隐，彭城（今江苏徐州）人，史称"南唐后主"。开宝八年（975年），宋军破南唐都城，李煜降宋，被俘至汴京，后因作感怀故国的名词《虞美人·春花秋月何时了》而被宋太宗毒死。李煜虽不通政治，但其艺术才华非凡，他精书法，善绘画，通音律，诗和文均有一定造诣，尤以词的成就最高，有千古杰作《虞美人·春花秋月何时了》《浪淘沙》《乌夜啼》等词，故被称为"千古词帝"。

李煜的词以被俘为界,分为前后两期,前期词作多描写宫廷生活与男欢女爱,香艳精致,才情蕴藉;后期词作多倾泻失国之痛和去国之思,沉郁哀婉,感人至深。《相见欢·无言独上西楼》便是后期词作中很有代表性的一首。

注释

① 锁清秋:深深地被秋色笼罩。清秋,一作深秋。② 离愁:指离开故国之愁。③ 别是一般:另有一种意味。别是,一作别有。

诗化译文

默默无言,孤孤单单,独自一人缓缓登上空空的西楼。抬头望天,只有一弯如钩的冷月相伴。低头望去,只见梧桐树孤立院中,幽深的庭院被笼罩在清冷凄凉的秋色之中。

那剪也剪不断,理也理不清,让人心乱如麻的,正是亡国之苦。那悠悠愁思缠绕在心头,却又是另一种无可名状的痛苦。

作品鉴赏

李煜的这首词情景交融,感情沉郁。上阕选取典型的景物为感情的抒发做铺垫,下阕借用形象的比喻委婉含蓄地抒发真挚的感情;此外,运用声韵变化,做到声情合一。下阕押两个仄声韵("断""乱"),插在平韵中间,加强了顿挫的语气,似断似续;同时在三个短句之后接以九言长句,铿锵有力,富有韵律美,也恰当地表现了词人悲痛沉郁的感情。

明代沈际飞在《草堂诗余续集》中评价说:"七情所至,浅尝者说破,深尝者说不破。破之浅,不破之深。'别是一般滋味在心头'句妙。"今人唐圭璋在《唐宋词简释》中说:"此词写别愁,凄惋已极。……所谓'别是一般滋味',是无人尝过之滋味,惟有自家领略也。后主以南朝天子,而为北地幽囚;其所受之痛苦,所尝之滋味,自与常人不同。心头所交集者,不知是悔是恨,欲说则无从说起,且亦无人可说,故但云'别是一般滋味'。"

二、《卜算子·咏梅》赏析

卜算子·咏梅

(南宋)陆游

驿外断桥边,寂寞开无主①。已是黄昏独自愁,更著②风和雨。
无意③苦争春④,一任群芳⑤妒。零落成泥碾作尘,只有香如故。

作品简介

陆游，字务观，号放翁，越州山阴（今浙江绍兴）人。陆游一生酷爱梅花，将其作为一种精神的载体来倾情歌颂，梅花在他的笔下成为坚贞不屈的象征。

联系陆游的生平不难理解，词中的梅花正是作者自身的写照。陆游的一生可谓充满坎坷。他出生于宋徽宗宣和七年（1125年），正值北宋摇摇欲坠、金人虎视眈眈之时，幼年的他随家人过着动荡不安的逃亡生活"儿时万死避胡兵"是当时的写照，这些经历在他幼小的心灵深处早早埋下了爱国的种子。

成年后，他的仕途也并非一帆风顺，而是几起几落。当时南宋朝廷偏安一隅，对眼前的剩水残山颇为满足，并不想要恢复河山。陆游曾两次被罢官，皆因力主用兵。尽管陆游的爱国热情惨遭打击，但其爱国志向始终不渝。这在他的诗歌中得到了充分的体现。《卜算子·咏梅》正是以梅寄志的代表，那"零落成泥碾作尘，只有香如故"的梅花，正是诗人一生与恶势力不懈抗争、对理想坚贞不渝的形象写照。

注 释

① 无主：自生自灭，无人照管和玩赏。② 更：副词，又，再。著（zhuó）：同"着"，遭受，承受。更着：又遭到。③ 无意：不想，没有心思。④ 苦：尽力，竭力。争春：与百花争奇斗艳。此处借指争权。⑤ 群芳：群花、百花，这里借指诗人政敌——苟且偷安的主和派。

诗化译文

驿站之外的断桥边，梅花孤单寂寞地绽放，无人过问。暮色降临，梅花无依无靠，已经够愁苦了，却又遭到了风雨的摧残。

梅花并不想费尽心思去争宠斗艳，对百花的妒忌与排斥毫不在乎。即使凋零了，被碾作泥土，梅花依然和往常一样散发出缕缕清香。

作品鉴赏

词的上半阕着力渲染梅花落寞凄清、饱受风雨之苦的情形；下半阕写梅花的品格及生死观。末句"零落成泥碾作尘，只有香如故"具有扛鼎之力，振起全篇，把前面梅花的不幸处境，包括风雨欺凌、凋残零落、成泥作尘的凄凉、衰飒、悲戚，一股脑儿抛到九霄云外。词人借梅言志，曲折地写出险恶仕途中坚持不媚俗、不屈邪、忠贞不渝的情怀与抱负。这首咏梅词通篇未见"梅"字，却处处传出"梅"的神韵，且作者以梅自喻，物我融一。

陆游是伟大的爱国主义诗人，他以饱满的爱国热情，谱写了一曲曲爱国主义诗

篇，激励着一代又一代人，真可谓"双鬓多年作雪，寸心至死如丹"。

美的 体验

方文山曾说："宋词是最接近流行音乐的古文。"他创作的歌词"繁华声，遁入空门，折煞了世人。梦偏冷，辗转一生，情债又几本""菊花残，满地伤，你的笑容已泛黄，花落人断肠，我心事静静淌。北风乱，夜未央，你的影子剪不断，徒留我孤单在湖面成双"等都借鉴了宋词中的词语或意境。请找出现代歌词中借鉴宋词的例子，或是学习《虞美人·春花秋月何时了》《水调歌头·明月几时有》《如梦令·常记溪亭日暮》的经典传唱作品，并在班会上进行表演。

第四讲 元曲之美

美的 印象

元曲古道

何曲强

苍老的藤纠缠于枯枝
褐色的皮剥落出绿色的盛夏
疤结处凝成关于太阳的图腾
树匝满一圈圈岁月的痕迹
……
木桥和长溪组成乡村亘古不变的饰物
陪伴炊烟和家人的生活
木屋里点燃昏黄的灯火
村姑用手捣碎一钵元曲
撒作满天的星光
照亮丈夫回家的路

然后，望一泓秋水

　　晶亮的目光倒映禾垛上的镰和汗滴

　　漫漫古道，这边是故乡，那边是他乡

　　瘦马嘚嘚地跑进西风

　　游子的心房溢满乡情

　　朝爱而去，朝自由而去，朝故乡而去

　　留下满路急切和希冀

　　马蹄扬起，不见来时的路途

　　枫叶灼烧孤单的灵魂

　　夕阳烫痛母亲的双眸

　　长亭，在十里之外、梦里之乡

　　古道漫漫，驮载许多别离和流浪

　　长亭，在十里之外、梦里之乡

　　枯草连天处

　　慈祥温暖的家园已显现

美的 视窗

　　元曲是散曲和杂剧的合称。其中，散曲是诗歌，属于文学体裁，是元代文学主体；杂剧是戏曲，元杂剧的成就和影响远远超过散曲。这里我们介绍的元曲主要指元散曲。

　　元曲是中华文化宝库中的一朵奇葩，在思想内容和艺术成就上都体现出独有的特色，是我国文学史上一座重要的里程碑。

　　元曲有严密的格律定式，每一曲牌的句式、字数、平仄等都有固定的格式要求。虽有定格，但并不死板，元曲允许在定格中加衬字（即曲牌所规定的格式之外另加的字），部分曲牌还可增句，押韵上允许平仄通押，与律诗绝句和宋词相比，有较大的灵活性。所以，有时同一曲牌的两首元曲字数却不一样（一般以同一曲牌中字数最少的一首为标准定格），就是这个缘故。

　　与唐诗宋词相比，元曲更为随性、通俗和灵活。唐诗宋词讲究平仄对仗，用错平仄对仗就不成诗词，元曲则允许平仄通押；诗词忌重韵，元曲却不忌；诗词一般不能随意加衬，元曲却可根据表意和歌唱需要增加衬字；诗词多用比兴，元曲则多用赋，即采用白描手法直陈其事，不留余韵，以淋漓尽致、直率刻露见长。

　　元曲的兴起对于我国民族诗歌的发展、文化的繁荣有着深远的影响和卓越的贡献，同其他艺术之花一样，元曲一出现就立即展现出旺盛的生命力。它不仅是文人

咏志抒怀得心应手的工具，还为反映元代社会生活提供了人民群众喜闻乐见的崭新艺术形式。

美的欣赏

一、《天净沙·秋思》赏析

天净沙·秋思

（元）马致远

枯藤老树昏鸦①，
小桥流水人家②，
古道③西风瘦马④。
夕阳西下，
断肠人⑤在天涯⑥。

作品简介

马致远，号东篱（以示效陶渊明之志），是我国元代著名杂剧家、散曲家，与关汉卿、郑光祖、白朴并称"元曲四大家"，代表作有《汉宫秋》《青衫泪》等。

注释

① 昏鸦：黄昏时归巢的乌鸦。昏：黄昏。② 人家：农家。此句写出了诗人对温馨家庭的渴望。③ 古道：废弃的或年代久远的古老驿道（路）。④ 瘦马：骨瘦如柴的马。⑤ 断肠人：形容伤心悲痛到极点的人，此处指漂泊天涯、极度忧伤的旅人。⑥ 天涯：远离家乡的地方。

诗化译文

天色昏黄，一群乌鸦落在枯藤缠绕的老树上，凄厉哀鸣。

小桥下流水哗哗作响，小桥边庄户人家炊烟袅袅。

古道上一匹瘦马，顶着西风艰难前行。

夕阳渐渐失去光芒，从西边落下。

凄寒的黄昏时，只有孤独的旅人漂泊在遥远的地方。

作品鉴赏

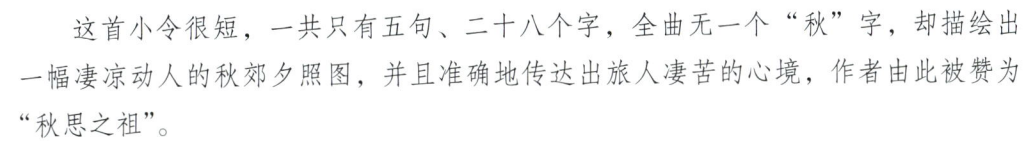

这首小令很短，一共只有五句、二十八个字，全曲无一个"秋"字，却描绘出一幅凄凉动人的秋郊夕照图，并且准确地传达出旅人凄苦的心境，作者由此被赞为"秋思之祖"。

《天净沙·秋思》虽然属于曲体，但在诸多方面都体现出中国古典诗歌的艺术特征。一是以景托情，寓情于景，在情景交融中构成一种凄凉悲苦的意境；二是使用众多意象来表达作者的羁旅之苦和悲秋之凄，使作品充满浓郁的诗情；三是善于加工提炼，用极其简练的白描手法，勾勒出一幅游子深秋远行图。因此，王国维在《人间词话》中称《天净沙·秋思》"深得唐人绝句妙境"。

二、《正宫·塞鸿秋》赏析

正宫·塞鸿秋（节选）

（元）郑光祖

雨余梨雪①开香玉，风和柳线摇新绿。
日融桃锦堆红树，烟迷苔色铺青褥。
王维旧画图，杜甫新诗句。
怎相逢不饮空归去②？

作品简介

郑光祖，字德辉，汉族，平阳襄陵（今山西襄汾县）人。他是元代著名的杂剧家和散曲家，所作杂剧在当时"名闻天下，声振闺阁"。除杂剧外，郑光祖还写散曲，有小令六首、套数二套流传。

注 释

① 梨雪：像雪一样白的梨花。② 怎相逢不饮空归去：《增广贤文》中有"相逢不饮空归去，洞口桃花也笑人"之句，表达了作者及时行乐、享受当下的洒脱之情。

诗化译文

雨停了，玉雪般的梨花绽放，香气四散。风儿微微，柳树摇曳出嫩绿的长线。

在熙和的日光中，烂漫如锦的红色桃花，将树身堆得满满；在迷漾的雾气里，碧苔给大地铺上了一层青毡。

这美景曾入王维的画稿，杜甫也会为之吟作新篇。

我怎肯相逢了故人，而不开怀畅饮，白白地把家回转！

作品鉴赏

《正宫·塞鸿秋》是一曲春之歌，描绘了一幅原野春日图。作者以铺叙笔法展现初春原野的迷人景象，雪白的梨花在雨后绽放，柔嫩的新柳在春风中摇曳，红霞般的桃花分外耀眼，远处的青草地一望无际。作者深知再美的语言也写不尽春光的美好，于是，他写了四句便戛然而止，只能用"王维旧画图，杜甫新诗句"来概括他对春天的赞美。这无疑是非常明智的艺术选择。最后一句"怎相逢不饮空归去？"将抒情主人公的形象推到读者面前，让人感受到作者对大自然的热爱和尽情享受大自然的乐观与洒脱。

美的 体验

选择一个季节中具有代表性的意象，仿照马致远的《天净沙·秋思》，写一首小令来表达你的心情，并在全班同学面前朗诵表演。

例如：

沙滩贝壳浪花，

潮声笑语脚丫，

秋风海鸟灯塔。

大海沙畔，

弄潮儿在玩耍。

同步实训

于诗词盛宴中感受传统文化魅力

实训导入

"人生最美是遇见，'与君初相识，犹如故人归'。遇见爱人，是'金风玉露一相逢，便胜却人间无数'；遇见故人，是'何时一樽酒，重与细论文'；沙湖道中遇雨，有了苏轼'竹杖芒鞋轻胜马，谁怕？一蓑烟雨任平生'的潇洒；行军途中遇雪，有了毛泽东'江山如此多娇，引无数英雄竞折腰'的感慨。可以说，千万次美丽的相遇，定格了诗词无数次动人的瞬间。"这是《2022中国诗词大会》开场白中的一段话，从中，我们不难感受到中国诗词的魅力。

诗词歌赋是中华民族特有的情感表达方式。诗经、楚辞、唐诗、宋词、元曲等，高度浓缩了中华传统文化生生不息的思想观念、人文精神和道德规范。《2022中国诗词大会》以"赏中华诗词，寻文化基因，品生活之美"为根本宗旨，聚焦诗词所承载的忠孝、仁义、爱国、勤劳等优秀传统文化内容，从不同视角展现诗词中的时代风貌。

请以小组为单位,选择一首具有代表性的诗词作品,结合所学知识进行赏析,然后派代表朗诵所选作品,感受经典诗词的魅力,从传统文化中汲取精神力量。

实训要求

本次实训具体有以下要求。
(1)准确查找作品相关资料。
(2)能理解作品的主题思想。
(3)能体会作品中的深层情感内涵。
(4)语言准确、生动,见解独到。
(5)小组内分工合理,配合密切。

实训步骤

1. 自由分组,合理分配任务

学生自由分组,4~6人为一组,并填写"任务分配表",见表6-1所列。

表6-1 任务分配表

班级		组号		指导教师	
小组成员	姓名	学号	任务分工		
组长					
组员					

2. 查找资料,分析作品

查找相关资料,选择一首具有代表性的诗词作品(教材中介绍过的作品除外),运用课堂中所学知识对其进行赏析,见表6-2所列。

表6-2 作品赏析表

具体项目		详细内容
了解作品	作品名称	
	作者简介	
	创作背景	

(续表)

具体项目		详细内容
感受作品	主题思想	
	情感表达	
	重点字词注释	
	诗化译文	
分析作品	意象、结构、格律等	

3．朗诵并讲解诗词

各小组分别派代表朗诵所选作品，并进行讲解。

实训评价

请教师对学生在本次实训过程中的表现与实训完成情况进行评价，见表6-3所列。

表6-3　评分表

考核内容	评分标准	分值	得分
知识与技能（70%）	能准确地查找作品的相关资料	10	
	能理解作品的主题思想，并准确地进行描述	10	
	能准确解释作品中的重点字词	15	
	编写诗化译文准确、生动	15	
	朗诵时感情充沛、声音洪亮	10	
	能准确讲解诗词内涵，分析诗词中的意象、结构、格律等内容	10	
德育素养（30%）	体会作品中的深层情感，领略辞章之美	10	
	对作品有独特见解，体会中华文明的博大精深	10	
	具有良好的团队精神和团队协作能力	10	
总评	优□　良□　中□　及格□　不及格□	总分	

备注：总体评价中，90～100分为"优"，80～89分为"良"，70～79分为"中"，60～69分为"及格"，60分以下为"不及格"。

成果检测

请结合本单元的学习情况和实训的完成情况，对本单元的学习成果进行自评、互评，并请教师进行总体评价，见表6-4所列。

表6-4 成果评价表

班级		组号		日期			
姓名		学号		指导教师			
单元名称		人生的境界：辞章美					
评价内容	评价标准		分值	评价得分			
				自评	互评	师评	
知识与技能（40%）	能够正确阐述《诗经》的基本特点及历史成就		10				
	能够正确阐述唐诗的形式、分期、派别，并举例说明诗人的称号		10				
	能够正确阐述宋词的特点、词牌的来源及宋词的派别		10				
	能够正确阐述元曲的基本特点及历史成就		10				
过程与方法（30%）	课前认真预习，形成对诗词之美的初步印象		5				
	积极通过课外读物或网络搜集诗词之美的相关资料		10				
	积极参与课堂互动，高效完成课下活动和同步实训		10				
	课后及时总结并复习		5				
综合素养（30%）	在小组讨论及参与实训活动的过程中，能够很好地表达自己的审美感受，运用所学知识赏析诗词之美		15				
	在实践中，与同学协调配合，具备团队协作能力、人际交往能力和分析解决问题的能力		15				
总评	自评（20%）+互评（20%）+师评（60%）			教师（签名）：			

备注：可结合学习目标，采用教师评价、学生自评、学生互评、专家点评等方式对本单元的学习情况进行多元化评价。

素质园地

重温红色经典,谱写时代新篇章

"红色经典"是继古典文学艺术经典和中国现当代文学艺术经典之后,在中国社会的现代化进程中,与中国特色社会主义事业有紧密联系的文学作品。中国共产党百年征程,成为文艺创作取之不尽的源泉。

杨沫撰写的长篇小说《青春之歌》于1958年出版,是中国当代文学史上描述革命知识分子成长史的优秀长篇小说。作品以故事传达思想,以人物体现精神,以细节呈现历史,以情感唤起共鸣,60余年来,始终回响在几代中国人的青春岁月里。由小说改编的同名电影同样也具有深远的影响,时至今日依然闪耀着青春和理想的光辉(见图6-1)。

图6-1 《青春之歌》电影剧照

《青春之歌》以新民主主义革命为历史背景,通过描写女主人公林道静从一名普通青年到走上革命道路的成长历程,真实地再现了在中华民族到了最危险的时候,知识分子群体的觉醒和斗争,表现了一代青年知识分子在党的领导下迅速成长,以青春和热血谱写了一曲动人的革命青春之歌。由小说改编的同名歌剧用鲜活的人物形象和平凡的生活材料表现出崇高的精神,生动传神地表达了中国共产党人的理想信念、为人民谋幸福和为民族谋复兴的责任与担当(见图6-2)。

每一代青年人都有自己的使命和担当。今天,我们重读这部红色经典,不忘来路,珍惜当下。让我们谨怀"清澈的爱,只为中国"之心,一同谱写新时代壮美的"青春之歌"。

图6-2 《青春之歌》歌剧剧照

第七单元 7

智慧的火花：科技美

单元导读

科技美是指在科学发现与技术创造的过程和结果中能带给人精神快感的各种美的元素。当一件物品被创造出来，或其制作过程中展示出十分巧妙、完美的细节，或能够给使用者带来便利时，人们就会获得成就感、满足感、喜悦感等美感体验。科技美广泛地存在于农学、天文学、数学、医学等科学研究与技术应用领域，既散发着真理的光芒，又展现了美的光辉。

学习目标

知识目标
了解中国传统天文历法、古代算术、中医及现代数字交通的相关知识
了解中国古代的牛耕技术、陶器轮制技术、活字印刷技术、航海技术
了解中国提花机、大运河、都江堰、物流仓储的相关知识

能力目标 能够通过中国科学发现和技术发明感受科学美、技术美和效能美

素质目标
培养学科学、爱科学、讲科学、用科学的兴趣
在实训中，与同学协调配合，提高团队协作能力和解决问题的能力

第一讲　科学之美

美的 印象

东汉时期的张衡是中国著名的天文学家、发明家、地理学家，他在继承前人成果的基础上，不断钻研，于公元117年造出了铜铸浑天仪。浑天仪从外到内分为多层均可运转的圆圈，各层圆圈分别刻有南北极、二十四节气、二十八星宿、星辰、日月、五纬（即金星、木星、水星、火星和土星）等天象。仪上附着两个用于计时的漏壶，壶底有孔，漏壶滴水带动浑天仪的齿轮系统，进而推动圆圈按计时刻度慢慢转动，以此来模拟天体运动。这样，就可以较为准确地反映天象变化了。可惜这座精巧的浑天仪在西晋战乱中失传了。

中国现存最早的浑天仪制造于明朝，现陈列于南京紫金山天文台，如图7-1所示。此仪结构稳固，铸造精美，能够使人们直观感受到天体运行的秩序美，是重要的科技文物，也是珍贵的工艺杰作。

图7-1　南京紫金山天文台的浑天仪

美的 视窗

科学美源于自然，又高于自然。它不是大自然外在的景观美，而是潜藏在景观美之中的内在理论美。景观美可以被感官直接感知，而科学美需要人们对隐藏在自然界的内在理论进行长期的观察、研究后才能被感知。由此可知，科学美是指科学技

术或成果带给人们的知识内容、结构形式、方法原理等方面的理性美，以及科学探索过程中的精神美。感受科学美，需要具备较高的科学素养和丰富的想象力，只有这样才能体会科学的精确美、逻辑美、抽象美、统一美和简洁美。

一、天文历法

中国传统天文历法的精确美、逻辑美和抽象美在天文仪器、日食观测与阴阳历法方面得以充分体现。

1. 天文仪器

在古代，人们非常重视物候和农时，因此会采用一些仪器来观测天象，以准确地把握物候和农时规律。在观测天象时，人们使用最早、沿用最久的测量仪器是圭表，如图7-2所示。圭是正南正北方向平置的尺，表是立在地上的标杆，二者相互垂直。人们通过记录每天正午时圭面上表影的长度，测量、比较、标定日影的周日、周年变化，进而制定历法。

我国最重要的圭表测量遗址是河南省登封的周公测景台，相传这里是周公测日影之处。周公测景台通高3.91米，由石圭和石表两部分组成，俗称"无影台"，又名"八尺表"，是中国古代测量日影、验证时令、计年的仪器。该测景台用青石制成，石柱为表，台座为圭，表的顶端为屋宇式盖顶，南刻"周公测景台"字样，如图7-3所示。周公测景台自制造出来后为以后几代所沿用，元朝郭守敬还在该测景台北约20米处建造了永久性的观星台，对原有的圭、表进行了改进，增设了能用来测量月亮位置的"窥几"。

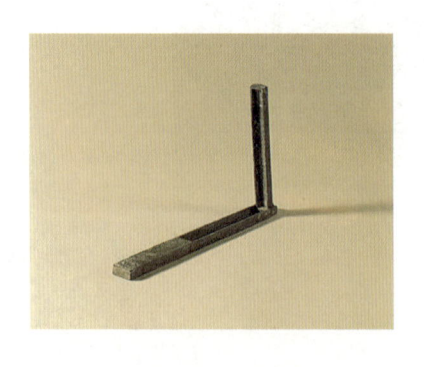

图7-2　圭表　　　　　　　　　图7-3　周公测景台

我国早期的圭表曾与漏壶配合使用。漏壶又称"滴漏""刻漏"，是中国古代的一种计时仪器。目前发现的早期漏壶大多属于汉代实物（见图7-4）。漏壶里插有一根标杆，称为"箭"，用于指示时刻，箭下用一只舟承托，使之浮在水面上。在使用时，漏壶内的水会从水管内逐渐滴出，浮箭随之下沉。人们可以根据浮箭指示的刻度观察时间的变化。

早期漏壶滴水不均，容易产生计时误差。为了解决这一问题，人们发明了多级漏壶，即在原来的漏壶上增加漏壶，用上壶的水量补充下壶的水量，以实现稳定水量的效果。国家博物馆所藏的元代延祐铜漏壶，铸造于公元1316年，高264.4厘米，由日壶、月壶、星壶、受水壶四壶组成，置于阶梯式座架上，如图7-5所示。受水壶盖中央插有一把长66.5厘米的铜尺，上刻有12个时辰。铜尺前插木制浮箭，木箭下端是一块木板，称为浮舟。受水壶中的水逐渐增加，浮舟便托起木箭缓缓上升。将木箭的顶端与铜尺的刻度进行对照，就可知当时的时间。除去受水壶不计，这件漏壶是三级漏的标本，它的水压稳定，滴漏均匀，计时更精确。

图7-4　汉代铜漏壶　　　　　图7-5　元代延祐铜漏壶

日晷又称"日规"，是古代人们利用日影测量时辰的一种计时仪器，通常由晷针（表）和晷面（带刻度的表座）两部分组成，如图7-6所示。其原理是根据太阳的投影方向来测定并划分时刻。利用日晷计时的方法是古人在天文计时领域的重大发明，这项发明被沿用了几千年。

国家博物馆所藏托克托日晷，是现存最早的完整且可靠的日晷，如图7-7所示。此晷边长27.4厘米，晷面中央有一圆形小孔，以此孔为核心，刻出两个同心圆，内圆与外圆中间刻69条辐射线，占去圆面的大部分，各辐射线夹角相等，辐射线与外圆的交点上钻小孔，孔外是1～69的汉篆数字。若将未画线的地方补充完整，则刚好将圆平均分成100份，正与一日百刻（古代漏刻计时法则，即将一昼夜划分为一百刻）数目相当。漏壶的流速可以通过日晷加以校准。

图7-6 日晷

图7-7 托克托日晷

2. 日食观测

日食（见图7-8）是天文奇观。历代君王都非常重视日食现象，曾设专门官职观测日食。日食观测结果是验证历法优劣的重要依据，历代天文学家采用各种方法观测日食并做了相关记录。从春秋到清末，我国关于日食的记录很多，为现代日食观测提供了宝贵的资料。

图7-8 日食

古代观测日食一般用肉眼，这种观测方法不但伤眼睛，而且测量的数据也不准确。后来天文官发明了各种方法间接观测日食。例如，西汉时天文官采用水盆法观测日食，宋代天文学家用油盆观测日食。日食记录自汉代起就包括以下内容：日食时太阳的位置；日食的起讫时刻（即开始和结束的时间）和全部见食时间；食分，即太阳被遮蔽的程度；初亏（即日食开始的时刻）所起方位。

日食观测为制定天文历法提供了重要依据，古代历法的推算越来越精确，与古人长期认真仔细的日食观测是分不开的。

3. 阴阳历

阴阳历是人们兼顾月亮绕地球的运动周期和地球绕太阳的运动周期而制定的历法。阴阳历的主要内容包括历年长度、历月长度及朔望月、以"二十四节气"定月和置闰、干支纪历等。

阴阳历的历年长度以回归年为准，每年365.25日，月长度以朔望月为基准，大月30天，小月29天。朔望月是月球绕地球公转的平均周期。我国古代先民把月亮圆缺的一个周期称为一个"朔望月"（见图7-9），把完全看不见月亮的一天称为"朔日"，即农历每月的初一；把月最圆的一日称为"望日"，即农历每月的十五或是十六。

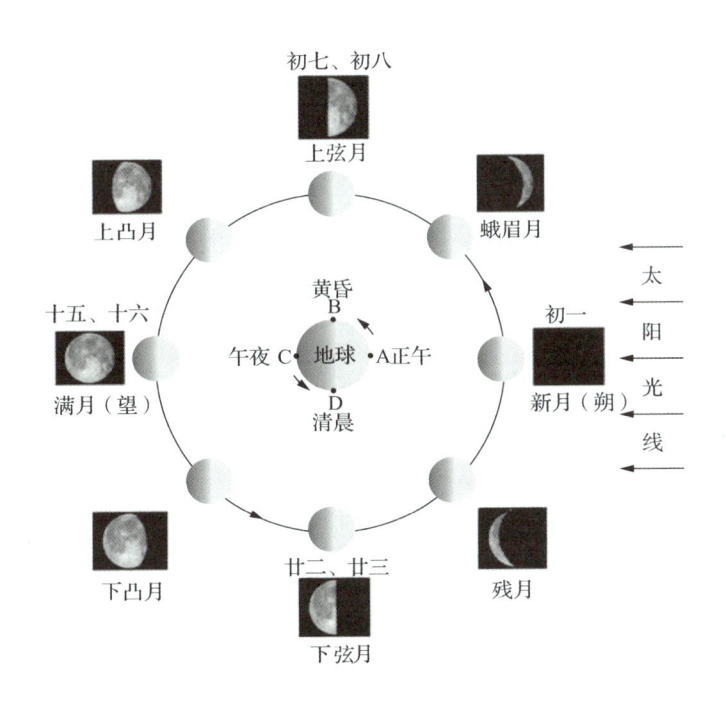

图7-9 朔望月

阴阳历的年以回归年为依据，但回归年与朔望月的周期无法协调一致，所以阴阳历便通过增置"闰月"的方法来调节"年"与"月"两个自然周期，其调节依据为二十四节气。

二十四节气是指古人根据太阳一年内的位置变化，把一年分成24段，分列在12个月中，以反映季节、气温、物候等变化情况。其中，春季分为立春、雨水、惊蛰、春分、清明、谷雨，夏季分为立夏、小满、芒种、夏至、小暑、大暑，秋季分为立秋、处暑、白露、秋分、寒露、霜降，冬季分为立冬、小雪、大雪、冬至、小寒、大寒，如图7-10所示。

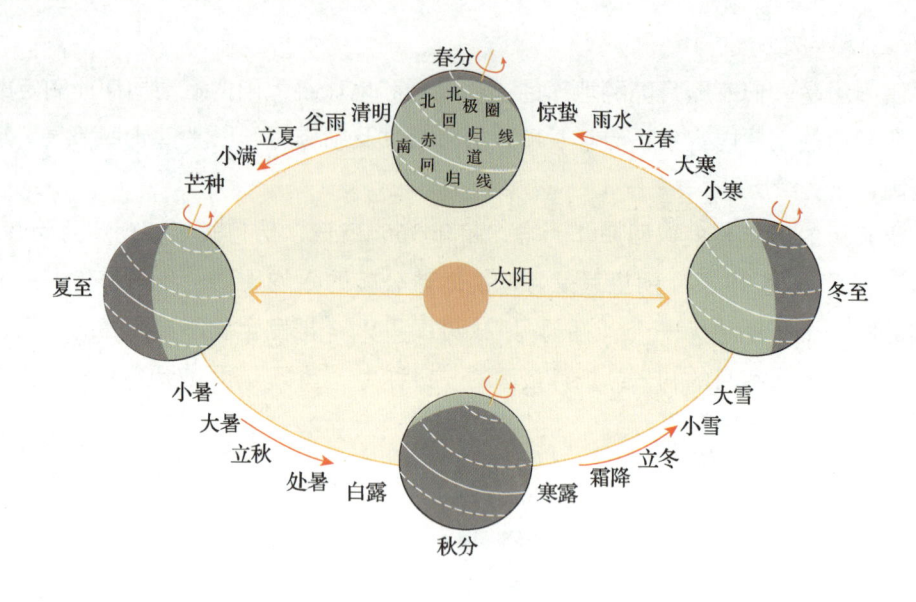

图7-10 二十四节气

二十四节气较为准确地反映了季节的变化，可用于指导农事活动，影响着千家万户的衣食住行。它将天文、农事、物候和民俗等巧妙结合，衍生了大量与之相关的岁时节令文化，如"立春""冬至""清明踏青"等一些重要节日和趣味盎然的民俗。时至今日，节气依然在劳动人民的生产生活中发挥着重要作用。

中国阴阳历的纪历方法为"干支纪历"，即用天干地支标记年、月、日、时。天干地支是中国独特的发明创造，简称"干支"。十天干为"甲、乙、丙、丁、戊、己、庚、辛、壬、癸"，十二地支为"子、丑、寅、卯、辰、巳、午、未、申、酉、戌、亥"，如图7-11所示。

十天干和十二地支依次相配，组成如甲子、乙丑、丙寅等60对组合。古人以此作为年、月、日、时的序号，周而复始，循环使用。例如，小说《冯婉贞》中记载："咸豐庚申，英法联军自海入侵。"其中的"咸豐（咸丰）"为皇帝的年号，"庚申"为干支纪年。

中国干支纪年中的十二地支还分别与十二生肖相匹配（见图7-12），依次为子鼠、丑牛、寅虎、卯兔、辰龙、巳蛇、午马、未羊、申猴、酉鸡、戌狗、亥猪。例如，农历2012年为壬辰年，"辰"对应"龙"，故2012年也称农历龙年。

精美的天文仪器、持之以恒的日食观测和精确奇妙的阴阳历法，对人们安排生产生活及各项社会活动具有重要的指导意义，充分展示了科学仪器、科学方法和科学知识的精确美、逻辑美和抽象美。

图7-11 天干地支　　　　　　　图7-12 地支生肖

二、数学成就

我国是四大文明古国（即古巴比伦、古埃及、古印度和古中国）之一，我们的祖先在渔猎农事活动中最先接触到了计算与测量，并在这方面积累了大量的知识。例如，在万里长城和大运河的建造过程中，积累了大量的几何测量、数字计算和土木工程方面的知识，并将其应用到其他相关领域。在计算与测量的知识中，具有代表性的研究成果有十进制、割圆术、勾股术等。

1. 十进制

中国数学古称"算学"，侧重于解决实际问题。与其他国家的数学相比，中国数学自成体系，取得了许多世界一流的研究成果。

早在殷商时期，甲骨文中就出现了数字（见图7-13），当时已能够用一、二、三、四、五、六、七、八、九、十、百、千、万13个数字，记下十万以内的任何自然数。这表明早在商代，中国就已使用了十进制。

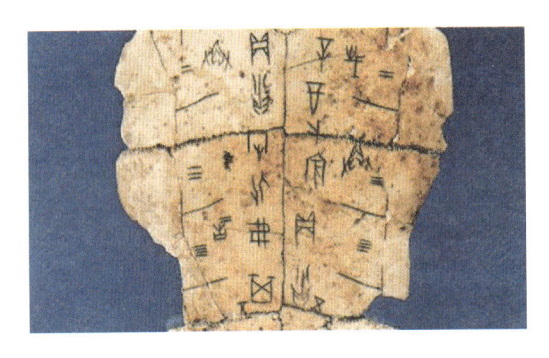

图7-13 甲骨文中的计数样式

十进制的计数法是古代最先进、最科学的计数法，对世界科学和文化的发展有着不可估量的推动作用。春秋时期出现的正整数乘法歌诀"九九歌"，是十进制计数

法与中国语言文字相结合的结晶,如"二二得四""九九八十一"等。这些耳熟能详的数字歌诀,在当时已经成为数学普及和发展的基础之一,并一直延续至今。

2. 割圆术

割圆术是不断倍增圆内接正多边形的边数以求取圆周率的方法,是我国古代算学方面的又一杰出成就。魏晋时期的数学家刘徽(见图7-14)在其名作《九章算术注》中提出了极限思想,并发明了"割圆术"这一新的数学方法。刘徽指出,圆内接正多边形的边数无限增加,该正多边形的周长就无限逼近圆周长,最终他计算出圆周率为3.141 6。南北朝时期的祖冲之(见图7-15)与其子在此基础上,计算出圆周率在3.141 592 6与3.141 592 7之间,首次将圆周率精确到小数点后7位。直到一千多年后,阿拉伯数学家阿尔·卡西才求出圆周率更精确的数值。

图7-14 刘徽 　　　　　　　　图7-15 祖冲之

3. 勾股术

勾股术也就是勾股定理,其运算思想主要是应用勾股定理和直角三角形相似的各种比例关系,测量和计算"高、深、广、远",对后世产生了重要影响。勾股术所涉及的绝大多数内容是与当时的社会生活密切相关的。例如,《九章算术》中有这样一道题:"今有池方一丈,葭生其中央,出水一尺。引葭赴岸,适与岸齐。问水深、葭长各几何?"印度古代也有著名的"莲花问题",除了数据与《九章算术》中"葭生中央问题"不同,其余完全相同,但要比中国的勾股术晚了一千多年。

十进制、割圆术和勾股术,展示了中国人的智慧,为人们解决实际问题带来了便利,显示了数学知识独有的逻辑美和抽象美。

三、中医养生

中医是中国古人创造的传统医学,它以阴阳五行作为理论基础,将人体看成是气、形、神的统一体,通过"望闻问切"的诊断方法,探求病因、病性、病位,分析病机及人体内五脏六腑、经络

中医

关节、气血津液的变化，进而得出病名，制订汗、吐、下、和、温、清、补、消等方案，结合中药、针灸、推拿、拔罐、食疗等多种治疗手段，使人体达到阴阳调和的状态，从而恢复健康。

1. 望闻问切

望、闻、问、切是中医诊察疾病的四种方法，又称为"四诊"。四诊是搜集临床资料的主要方法，也是获得病情信息的手段。

望诊是指通过视觉观察患者外部神、色、形、态及各种排泄物来断疾的方法。望诊包括一般望诊和舌诊两个部分。一般望诊包括望神察色、望形态、望五官等。其中，望神察色是指通过观察患者的精神神态、面部颜色和光泽来诊察病情；望形态是指通过观察患者形体的强弱胖瘦、体态和异常表现来诊察病情；望五官是指通过观察患者五官来了解五脏功能的盛衰情况。舌诊是指通过观察舌头的形态、色泽、润燥等情况来辅助诊断病情，包括望舌质和望舌苔。

闻诊是指通过听声音和嗅气味来诊察疾病的方法，即通过听患者说话、呼吸、咳嗽、呃逆、哮鸣等声响，嗅患者病体、病室散发的气味，来诊察病情。

问诊是指通过询问患者或其陪诊者来了解患者进而诊断病情的方法。问诊内容包括一般项目、主诉、现病史、既往史、家族史及个人生活史。

切诊包括脉诊和按诊两个部分。脉诊又称"切脉""诊脉"，是指用指腹按患者一定部位的脉搏（见图7-16），借以体察脉象变化，辨别脏腑功能盛衰、气血津精虚滞的一种方法。按诊是指在患者身体上的一定部位触、摸、推、按，以了解疾病的内在变化或体表反应，从而获得病情资料的一种诊断方法。按诊的部位通常为肌肤、手足、胸腹和穴位。按诊能够在其他三诊的基础上进一步深入探明疾病的部位和性质等，应用范围较广。

图7-16 脉诊

中医为人们治疗疾病和健康养生带来了福音，其最大的特点是结合了生理学和心理学，而"望闻问切"正是这一特点的重要体现，展现了中医诊疗方法的系统美

和辩证美。

2. 经络气血

经络是经脉和络脉的总称，其中经脉包括十二经脉、奇经八脉及连属部分，络脉包括十五别络、浮络和孙络，如图7-17所示。经络将人体的五脏六腑、四肢百骸、五官九窍、皮肉筋骨等联结成一个协调统一的有机整体，使人体各部位的功能活动保持协调和相对稳定。

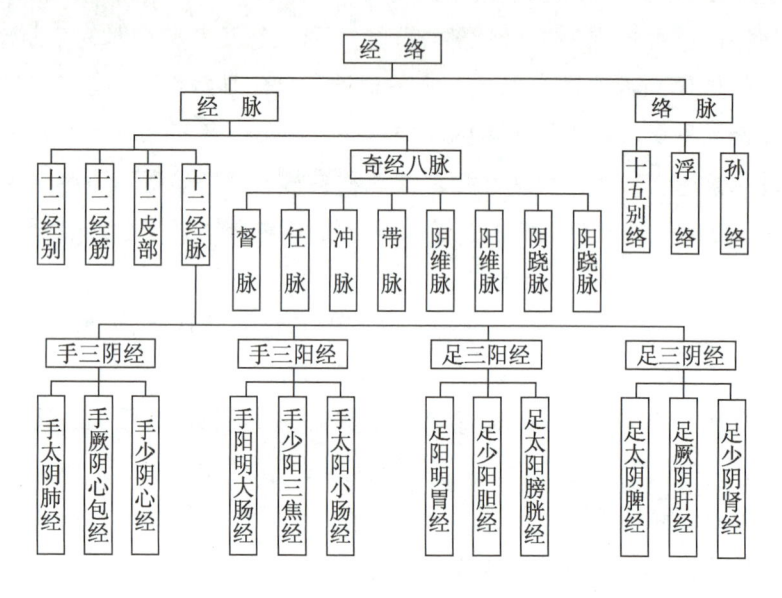

图7-17 人体经络分布图

经络在生理上的作用主要表现在三个方面：一是沟通表里上下，联系脏腑器官；二是通行气血，濡养脏腑组织；三是防御外邪，保卫机体。通俗地说，经络是气血运行的通道。

气血是气和血的总称，是构成人体的基本物质。在气血生成、运行和发挥作用方面，都有赖于心、肝、脾、肺、肾等脏器的功能活动。气属阳，主动，是人体热量的来源，对机体有温暖、熏蒸作用；血属阴，主静，对全身各脏腑组织器官起着提供营养和滋润的作用，以维持人体正常的生理活动。气与血之间的关系可以用"气为血之帅，血为气之母"来概括（见图7-18）。

图7-18 气血关系示意图

通经络、补气血是中医治病、防病的根本，体现了有机的整体美和辨证的和谐美。

3．特色疗法与养生

长期以来，历代医者利用聪明才智总结出了一些独具特色的治疗和保健方法，如针灸、推拿、刮痧、拔罐、四时养生等。

针灸是针法和灸法的合称，也是一种"内病外治"的医术（见图7-19）。它利用经络、输穴的传导作用，激发经络之气，通经脉，调气血，使机体阴阳归于相对平衡，使脏腑功能趋于调和，进而达到治疗全身疾病或保健养生的目的。通过针灸，人们能达到经络通畅、气血调和的良好状态，从而感受到肌肉舒缓、身轻体健的舒畅美。

推拿也称"按摩"或"推拿按摩"，是指运用推、拿、按、摩、揉、捏、点、拍等形式多样的手法，作用于人体体表的特定部位或经络、穴位（见图7-20），用来疏通经络、推行气血、扶伤止痛、祛邪扶正、调和阴阳的一种治疗方法。推拿可用于治疗临床疾病，也可用于美容与养生保健。推拿后，肌肉放松、关节灵活，人们能获得消除疲劳、振奋精神的美感体验。

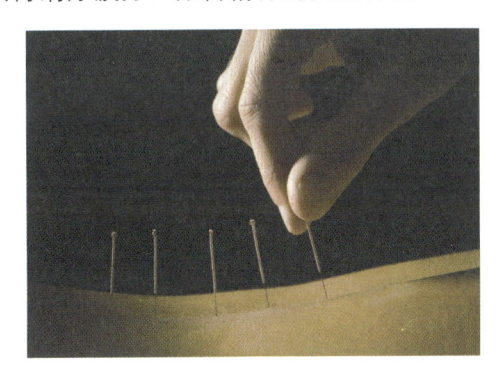

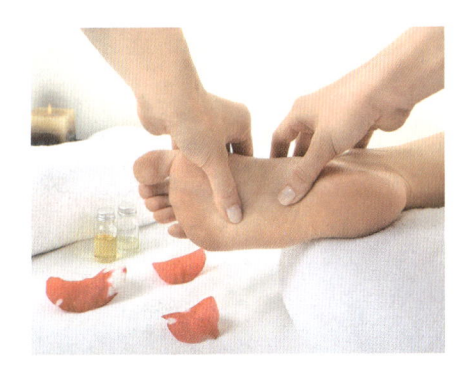

图7-19　行针　　　　　　　　　图7-20　足部推拿

刮痧是指以中医经络理论为指导，用边缘钝滑的器具（见图7-21）蘸取适量的润滑介质，在体表的一定部位或经络、穴位上反复刮动，使局部皮下出现粟粒状瘀斑或瘀痕，以防治疾病的一种治疗方法。刮痧具有通经活络、行气止痛、祛邪排毒等作用，能使人们获得身心上的享受。

图7-21　刮痧板

拔罐又称"角法",是指以罐为工具(见图7-22),利用燃火、抽气等方法产生负压,使之吸附于体表,造成局部瘀血,以达到通经活络、行气活血、消肿止痛、祛风散寒等效果的疗法。这种疗法既有治疗疾病的实用美,又有舒缓身心的适用美,能让人们获得轻松、愉快的享受。

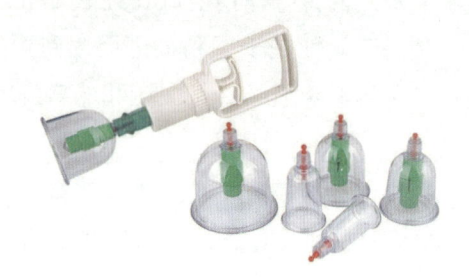

图7-22 拔罐瓶

四时养生是指顺应四时气候的自然变化采取不同的养生方法。《黄帝内经》中指出"人以天地之气生,四时之法成"。意思是说,自然界四季的交替,昼夜晨昏的变化,都可能对人的生理产生直接影响。所以养生的基本原则就是顺应自然,依据自然环境、四季气候的变化采取相应的养生方法(见图7-23)。例如,秋天气候转凉,阳气开始收敛,人们要早睡早起,收敛神气,尽量使自己的心志安宁;冬天为闭藏之季,万物秘藏,阴盛阳衰,人们宜晚睡晚起,同时要注意保暖,不要使阳气受损。

图7-23 四季养生

中国医术不仅可以治疗疾病,让患者免受身体上的痛苦,还能帮助人们通过养精神、调饮食、练形体、适寒温等各种方法去养生。中医养生可以说是一种综合性的强身益寿活动,能让人们体验到身心愉悦的和谐美。

四、数字交通

数字交通主要包括道路交通、轨道交通、静态交通（停车场），以及水运和通航（通用民航）等。其本质是通过数据全域标识、状态精准感知、数据实时分析、模型科学决策、智能精准执行，全面提高交通资源配置，维护安全运转状态，解决"人在哪""从哪来，到哪去""怎么去"这些交通领域的基本问题，从而便利人们的出行，使人们感受出行的优雅之美。

处在大数据爆炸的时代，我们不仅仅需要展示数据、表现数据，更需要理解数据、挖掘数据，从最初的点线图、直方图、饼状图等简单的数据展示形式，向数理演绎、动态模拟等复杂的数据表现方法和处理形式发展，并能利用数据使新技术、新方法更好地服务于城市发展规划。

大数据时代要通过科学的数据可视化手段将大数据蕴含的价值展现在人们的面前，用直观的、灵动的、美的数据图表引导人们探索数据里面更加深层次的内涵。图的背后是数字，而数字背后的科学本质才是我们追寻的价值。

1. 共享交通

共享交通是指人们无须拥有车辆的所有权，而是通过租赁或合乘等方式与他人共享车辆，并按照自己的出行要求支付相应费用的一种新兴交通方式。它以互联网平台为依托，整合社会闲置车辆、车内空间和驾驶技能等交通资源，通过大数据计算高效匹配出行供给与需求。共享交通一方面满足了消费者"求而不得"的自驾需求，另一方面避免了车辆闲置资源无法被有效利用带来的浪费，逐渐成为公众出行的重要选择，如图7-24、图7-25所示。

图7-24 共享单车　　　　图7-25 共享汽车

2. 数字地图

数字地图（见图7-26）是以数字形式将数据储存在磁带、磁盘上，需要在一定的软硬件环境下方能显示的地图。随着社会信息技术的发展，仅靠纸质地图提供信息已经无法满足人们的出行需求，取而代之的是基于地图数据库管理系统、地理信息

系统形成的区域性或全国性的数字地图。这些系统提供信息正确及时，修改、检索、传输信息方便快捷，还可以任意缩放，真正实现了地图立体化和动态化，具有容易保存、复制、传播、共享等特性。

图7-26 数字地图

3. 导航卫星全球定位系统

导航卫星全球定位系统也称"全球导航卫星系统"，是能在地球表面或近地空间为用户提供全天候的三维坐标、行进速度和时间信息的空基无线电导航定位系统。目前全球主要有四大提供全球定位服务的导航卫星系统，分别为中国的北斗卫星导航系统（BDS）（见图7-27）、美国全球定位系统（GPS）、欧盟"伽利略"系统（GALILEO）以及俄罗斯"格洛纳斯"系统（GLONASS）。随着全球卫星导航技术研究的不断深入，导航卫星全球定位系统的应用范围也在不断扩大，在政治、经济、军事等方面都体现出其重要价值。

图7-27 北斗卫星

4. 交通路况分析系统

大数据能对城市交通拥堵状况进行再现和分析。智能路况分析系统通过处理车辆GPS数据，可以动态、实时地表征路网交通拥堵的时空变化（见图7-28），从而有效管理道路交通，为出行者指引最佳的行驶路线，提高道路和车辆的使用效率，展示了现代出行中的大数据美学。

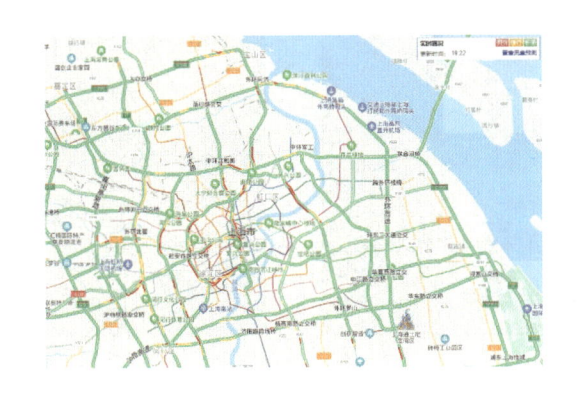

图7-28 实时路况

5. 电子停车场

近年来,随着科技的发展和人民生活水平的提高,机动车数量迅速增长,停车慢、停车难已经成为人们日常生活中的难题。传统停车场的人工收费方法费时、费力,很难对车辆进行高效管理。电子停车场通过电子停车券代替实物停车券、电子支付代替现金支付、无人值守代替人工收费、车位共享实现闲置车位有效利用四个方面实现停车智能化,从而有效减少人力成本,节约时间,便利大众。

6. 自动驾驶系统

近年来,自动驾驶系统从概念设计阶段向实际应用阶段快速迈进,越来越多的高级自动驾驶功能被开发和应用。它采用先进的通信、计算机、网络和控制技术,对车辆实现实时、连续控制,为人类提供了一种全新的服务模式和生活体验。同时,计算机工作的稳定性与逻辑性能够减少人为因素引发的交通事故,对于提高人们的通行效率、缓解交通拥堵状况、加快道路智能化建设、重塑出行方式具有重要意义。

美的欣赏

二十八星宿是中国古代天文学家为观测日、月、五星(水星、金星、火星、木星、土星)的运行而划分的二十八个星区,用以说明日、月、五星的位置。二十八星宿源于古代先民对星辰的自然崇拜,是中国古代神话和天文学结合的产物。

二十八星宿形成东方青龙、西方白虎、北方玄武、南方朱雀的布局,可细分为以下四组,每组7个星宿。

(1)东方青龙七宿:即以东方的角、亢、氐(dī)、房、心、尾、箕七个星宿形成龙的形象,如图7-29所示。

(2)西方白虎七宿:即以西方的奎、娄、胃、昴(mǎo)、毕、觜(zī)、参七个星宿形成虎的形象,如图7-30所示。

图7-29　东方青龙七宿　　　　　　　图7-30　西方白虎七宿

（3）北方玄武七宿：即以北方的斗、牛、女、虚、危、室、壁七个星宿形成一组龟蛇缠绕的形象，如图7-31所示。

（4）南方朱雀七宿：即以南方的井、鬼、柳、星、张、翼、轸（zhěn）七个星宿形成鸟的形象，如图7-32所示。

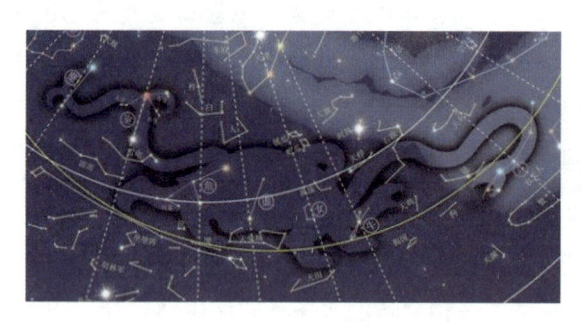

图7-31　北方玄武七宿　　　　　　　图7-32　南方朱雀七宿

四象（即天空中东南西北四大星区）和二十八星宿中的星象出没在天空中的时刻最初用于判定季节，后来被广泛应用于天文、星占、星命、风水等领域。

美的 体验

五禽戏是中国传统导引养生的一种重要功法。安徽亳州是五禽戏创始人华佗的故乡，也是五禽戏的传承基地。五禽戏发展至今，形成了不同的流派。安徽亳州现在主要有两种流派，分别是董文焕和刘时荣所传承的五禽戏。

2001年，国家体育总局健身气功管理中心成立后，委托上海体育大学迅速展开了对五禽戏的挖掘、整理与研究，并编写出版了《健身气功·五禽戏》。其动作编排按照《三国志》的虎、鹿、熊、猿、鸟的顺序，每戏十个动作，分别仿效虎之威猛、鹿之安舒、熊之沉稳、猿之灵巧、鸟之轻捷，力求表现"五禽"的神韵。

2006年，华佗五禽戏被批准为省级非物质文化遗产项目，2011年又被国务院批准列入第三批国家级非物质文化遗产项目。

请查找关于五禽戏的视频资料,组织一场以"五禽戏"为主题的活动,将班级成员分成5组,分别练习虎式、鹿式、熊式、猿式、鸟式的相应动作(见图7-33),感受五禽戏的古朴典雅之美。

图7-33　五禽戏

第二讲　技术之美

美的印象

2022年4月,贵州G320线花鱼洞大桥(见图7-34)被国际桥梁大会(IBC)授予古斯塔夫·林德撒尔奖的金奖,该奖被誉为"桥梁界的诺贝尔奖"。

图7-34　贵州G320线花鱼洞大桥

G320线花鱼洞大桥位于贵州省清镇市内,全长约270米,于2019年2月20日开工,2021年6月29日建成通车,是贵州首座"提篮式"公路桥梁。大桥在原桥的基础上进行拆除重建,这种中国首创的"边建边拆"的改建方式,为山区桥梁改建提供了新思路。

花鱼洞大桥不仅满足了人民群众的出行需要,还有力促进了当地的经济建设。如今,大桥横跨于红枫湖碧波之上,成为一道靓丽的风景线,展现了中国高超的桥梁建造技术。

美的视窗

技术美是指在制造、加工过程中应用了精湛的技术和精细的工艺,使得产品具有外在美和实用美。从形式方面看,技术美主要表现为工艺的精细;从内涵方面看,技术美主要表现为人们使用产品时的顺手与舒心。

一、牛耕技术

中国古代一直以农立国,古语常说"民以食为天",历代统治者对农业生产都是十分重视的。耒(lěi)和耜(sì)是最古老的农具,用于翻整土地、播种庄稼。耒由一根尖头木棍加上一段短横梁组成,下端是尖锥式,使用时把尖头插入土壤,用脚踩横梁使木棍深入,然后翻出。改进的耒有两个尖头或有省力曲柄(见图7-35)。

耜是由采集时代过渡而来的原始独立农具,多为木制,也有石制、骨制或蚌制,形体不规则,多为近似树叶形或圆形的片状板,一边有刃口,另一边略带小柄,用以手握,如图7-36所示。其主要功能是挖土、掘土。

后来,耜和耒结合成为复式农具,称为"耒耜"。耒是耒耜的柄,耜是耒耜下端用于起

图7-35 使用双尖耒的人

土的部分,如图7-37所示。耒耜的发明提高了耕作效率,证明了古人对于农业生产工具的重视。有了耒耜,才有了真正意义上的"耕"和耕播农业。后来,随着农业生产的发展,人们又将耒耜发展为犁。

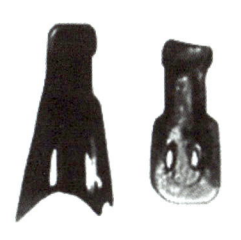

图7-36 耜　　　　　图7-37 耒耜

春秋战国时期，出现了牛耕。牛耕是指农夫一手扶犁，一手执鞭，通过扯拽缰绳来"指挥"牛的行进方向而进行耕作的方式。

秦汉时期，随着牛耕技术的普及，人们在犁的基础上又发明了耦犁（见图7-38）。这是一种由二牛牵引、三人操作的耕犁，其操作方法又称"二牛抬杠"。耦犁的犁铧（即安装在犁上用于破土的铁片）较大，增加了犁壁（即犁上用于翻土的部件），可同时进行深耕、翻土和培垄，大大提高了生产效率。

图7-38　使用耦犁耕地（二牛抬杠）

牛耕技术，是技术美和劳动美结合的产物。相对于以往的耒耜耕地技术而言，牛耕技术进一步提高了生产力，令人们倍感轻松和喜悦，人们因此享受到了技术带来的巨大便利。

二、陶器轮制技术

中国筑陶的历史始于新石器时代早期，当时人们用泥条盘筑法（即在一个平坦的

黏土基底上，以黏土条逐渐向上盘绕来制造陶器的方法）制造陶器，这种方法劳动强度大，生产效率低，产品质量差（见图7-39）。

图7-39　用泥条盘筑法制造的陶器

在新石器时代晚期，我国很多地区已采用轮制技术制陶。轮制是一种用轮车制作陶器的方法，其主要构件是一个木制圆轮，轮下有立轴，立轴下端埋于土内，上有枢纽，便于圆轮旋转。使用时，人们将泥料放在轮车上，利用木制圆轮的旋转，用双手将泥料拉成陶器坯体，如图7-40所示。这种轮制技术的特点是所制陶器规整匀薄。龙山文化遗址出土的黑陶质地匀而薄，多是轮制的产物。

图7-40　陶器轮制

轮制法的发明是制陶技术的一大进步。人们采用这项技术制作的器物形体规整、厚薄一致，陶器质量得到很大提高，能给人们带来视觉美感和良好的使用体验。

三、活字印刷技术

活字印刷术是中国古代四大发明（即造纸术、活字印刷术、火药和指南针）之一。唐代，人们从刻印章中得到启发，发明了雕版印刷术。但是雕版印刷术存在着一字刻错则全版需要重新刻等费时、费工、费料和不易更改的缺陷。

到了宋朝，印刷业发展到全盛时期。为了克服雕版印刷的缺陷，宋代毕昇发明了活字印刷术，如图7-41所示。沈括的《梦溪笔谈》中记载了活字印刷术的操作过程：先用胶泥做成一个个具有一定规格的毛坯，在一端刻上反体单字，用火烧硬，制成单个的胶泥活字；排字时，用一块带框的铁板做底托，上面敷一层用松脂、蜡和纸灰混合制成的药剂，然后把需要的胶泥活字排进框内，再用火烧烤药剂，使其将活字粘牢，药剂冷却凝固后即成版型；印刷的时候，只要在版型上刷上墨，覆上纸，加一定的压力就能印刷；印完以后，用火将药剂烤化，轻轻一抖，活字就可以从铁板上脱落下来，以备下次使用。

图7-41 活字印刷术

活字印刷术的发明，是印刷史上一次伟大的工艺技术变革。其巧妙的设计和灵活的排版，能让人们在操作时得心应手，取得事半功倍的效果，进而在劳动中获得美的体验和享受。

四、航海技术

中华民族是世界上最早开发利用海洋的民族之一。无论是造船技术、航行能力还是军事实力、商贸往来，中国都曾长期保持领先地位。

从造船技术、导航技术和中国重要的航海历史事件中，我们可以充分体会到中国航海领域展现出的技术之美。

1. 船舶之美

中国是世界上造船历史最悠久的国家之一。我国古代航海木帆船中的沙船、福

船、广船是最有名的船舶类型,被认为是中国古代的三大船型,又尤以福船应用最广、影响最大。船改变了人们的出行方式,提高了人们的出行效率,为人们的生活与劳动带来了愉悦美。

现代船舶设计包含了形态与结构两个方面的设计。其中,形态设计决定了船的比例与尺度,既能使船舶各个设备和构件相互协调,又能表现出紧凑、和谐统一的整体视觉效果,符合大众对动体建筑的审美心理;结构设计则保证了船舶的功能性,使船舶在运行速度、强度、刚度、稳定性等方面均能满足使用要求,从而实现船舶实用功能和审美功能的完美统一,如图7-42、图7-43所示。

图7-42 "东方红3号"科考船 　　　　图7-43 游船

2. 导航技术

指南针是中国古代四大发明之一,在古代又称"司南"(见图7-44)。指南针的核心部分是一根装在轴上的磁针,它在地磁场的影响下可以自由转动并保持在磁子午线的切线方向上,磁针的南极指向地理南极(磁场北极)。在中国古代航海活动中,人们利用它的这一特性来测量方位与确定航向。

罗盘(见图7-45),又称"罗经仪",它在中国古代指南针的基础上发展而来,不仅可以用来辨别方向,还可以用来勘察地形或从事风水活动。罗盘主要由一系列同心圆和位于圆圈中心的磁针组成,其中每一个圆圈都代表着中国古人对于宇宙系统中某一个层次信息的理解,其内容包罗万象,力图将人的穷通寿夭、吉凶祸福与天地万物联系起来。古人通过罗盘磁针的转动,为特定的人或事寻找最合适的时间或方位。

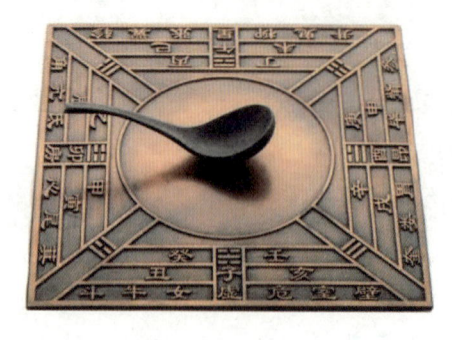

图7-44 司南 　　　　图7-45 罗盘

指南针和罗盘的发明不但弥补了航海活动中通过观测日月星辰来测定方位和航向的不足，为明代郑和下西洋的伟大壮举提供了必要条件，而且在欧洲的航海活动和地理大发现中发挥了不可替代的作用，在世界航海史上具有划时代的意义。

3．郑和下西洋

郑和下西洋是明代永乐、宣德年间，由郑和担任正使，先后七次率领船队进行的海上远航活动（见图7-46）。这场跨越了东亚地区、印度次大陆、阿拉伯半岛以及东非各地的大航行，被认为是当时世界上规模最大的远洋航海项目。其总航程达到七万多海里（1海里＝1 852米），航行足迹遍及三十多个国家和地区，打开了中国至东非海岸的海上交通，促进

图7-46 "郑和下西洋"场景复现

了中国与周边各国经济、政治和文化上的交流。其开创性在中国航海史上留下了浓墨重彩的一笔。

在航行过程中，郑和船队将航海天文定位方法与导航罗盘的使用相结合，提高了测定船舶航向的精确度，展示了中国古人通过长期实践所掌握的精湛的航海技术。这一历史事件开启了中国"敢为天下先"的历史新纪元，同时也开启了世界大航海时代的序幕。

4．"辽宁号"航空母舰

"辽宁号"航空母舰（简称"辽宁舰"）（见图7-47）是中国人民解放军海军隶下的一艘可以搭载固定翼飞机的航空母舰，也是中国第一艘服役的航空母舰。

图7-47 "辽宁号"航空母舰

"辽宁号"航空母舰前身是苏联海军的库兹涅佐夫元帅级航空母舰2号舰"瓦良格号"。20世纪80年代，"瓦良格号"航空母舰在乌克兰开工建造，但在建设周期中苏联解体，工程被迫中断。1995年，"瓦良格号"从俄罗斯海军编制中退出，移交乌克兰。1999年，中国购买该舰，几经辗转，于2005年4月26日，交付大连造船厂进

行更改安装及继续建造。2011年8月10日，开始出海航行试验。2012年9月25日，正式更名为"辽宁号"，并交付予中国人民解放军海军，由此中国正式进入航母时代。

辽宁舰作为中国第一艘现役航空母舰，承担着进行科学实验、积累航母编队作战经验等重要任务。十年来，辽宁舰在云飞浪卷中顶风而行、破浪前进，有序组织了包括远海实战化训练在内的一系列综合演练，有效拓宽了我国海军舰队的侦察预警范围，对于捍卫国家利益、完善中国的军事工业体系具有重要意义。

美的欣赏

越王勾践剑（见图7-48）是春秋时期越国君主勾践所佩之剑，于1965年在湖北江陵望山一号楚墓出土。剑长55.7厘米，剑宽4.6厘米，剑身中脊起棱，正面近格处有"越王鸠浅，自作用剑"的鸟篆铭文。剑身布满了规则的黑色菱形暗格花纹，正面镶有蓝色琉璃，背面镶有绿松石。这把剑在墓中已经被水浸泡了二千五百余年，不但毫无锈蚀，而且依然锋利无比，闪烁着耀眼的青光，寒气逼人。

越王勾践剑的制造工艺达到了相当高的水平，主要体现在剑的成形技术、剑身的磨削技术、铭文的成形技术、绿松石镶嵌技术等诸多方面。此剑反映了春秋时期卓越的青铜冶炼技术，具有很高的历史文化价值，被誉为"天下第一剑"。

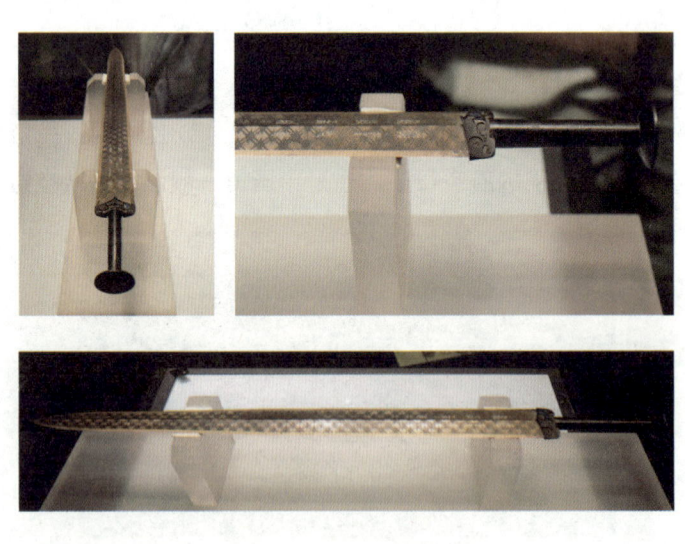

图7-48 越王勾践剑

美的体验

"国博讲堂"是中国国家博物馆面向社会开放的学术交流平台，它以"历史与艺术并重"为宗旨，邀请国内外著名专家学者发表精彩演讲，内容涵盖历史、艺术、文物考古等多个领域。

请同学们登录中国国家博物馆官网，进入"国博讲堂"栏目，观看青铜器、玉器或瓷器的相关视频，并选择一件器物写一篇器物赏析，谈一谈所选的器物是怎样体现技术美的。

第三讲　效能之美

美的印象

风车是一种不需要燃料，而以风力作为能源驱动轮轴旋转的动力机械。船帆式风车（见图7-49）是中国古代的重要发明，其始于宋代，是从帆船发展而来的。这种风车具有形似棱柱的框架结构，中心有轴，立轴上部镶有6～8根辐杆，下部镶有同样数量的座杆，在辐杆与座杆上挂上风帆，即构成风轮，分布在立轴四周。风帆的构造原理与传统帆船无异，它能够自动调节方向，迎合风向。当风帆受风力推动时，能够引起立轴转动，产生机械动力，进而为翻转车提供原动力，用于磨麦或农田灌溉。

风车的发明降低了人们的劳动强度，提高了劳动效率，为人们的生产生活提供了便利，给人们带来了巨大的使用价值和良好的社会效益。

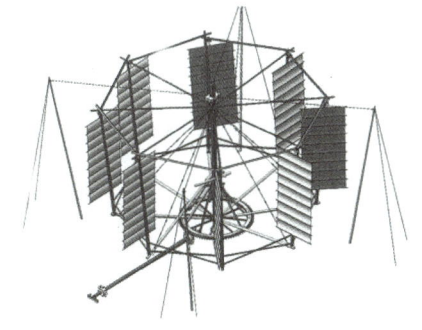

图7-49　中国古代船帆式风车

美的视窗

效能美是指一项科技发明或产品技术能够降低人们的劳动强度，使人们的劳动过程变得轻松愉快，或提高人们的劳动效率，使人们在有限的时间内获得更多的劳动成果。

一、提花机

提花机是能够贮存提花信息的织机,是中国古代一项极为重要的发明。在提花机出现之前,织复杂的花纹需要耗费大量的人力物力,且效率很低。为了解决这个问题,人们通过长期的摸索创造了提花机(见图7-50)。使用提花机织造花纹时,将提花信息提前编好并安装在织机里贮存起来,便可以重复操作花纹织造工序。

图7-50 西汉提花机(复制品)

提花机的发明,对于增加织物品种、调整织物结构、减少织物疵点、提高织物效率、增加织物美感、改善劳动条件有重要意义。提花机的广泛应用,大幅度提高了劳动生产率,丰富了丝绸工艺,为纺织行业的发展带来了良好的效益。11至12世纪,提花机经丝绸之路传入西方,它对现代电子计算机的程序控制与存储技术的发明起到了一定的启示作用。

古代的提花机是古人进行科技探索的重要成果,它在五千年农耕渔织的文化传承下,通过一纱一线纺织出了无数佳话,造就了璀璨的中华文明。在现代社会,电子提花机已被广泛应用,它采用计算机信息处理技术将提花织物的信息转化为提花机中的控制信息,由计算机程序控制提花机,与纺织机配合实现提花织造,更加高效地产生着社会效益,为人们享受丰富多彩的物质文化生活创造了条件。

二、大运河

大运河是中国劳动人民建造的伟大工程,是世界上开凿最早、规模最大的人工河,它始建于春秋,完成于隋,经过历代修建,形成了完备的运输体系。

大运河包括隋唐大运河、京杭大运河(见图7-51)和浙东大运河(见图7-52)三部分,地跨北京、天津、河北、山东、江

大运河的前世今生

苏、浙江、河南、安徽8个省、直辖市，贯通了海河、黄河、淮河、长江、钱塘江五大水系。

图7-51　京杭大运河杭州拱宸桥　　　　图7-52　浙东大运河绍兴太平桥

大运河是解决中国南北资源不平衡问题的重要工程，以世所罕见的时间与空间尺度，展现了农业文明时期人工运河发展的悠久历史，代表了水利水运工程的杰出成就。它实现了中国在广大国土范围内南北资源和物产的大跨度调配，促进了不同地域间的经济、文化交流，在稳定政局、繁荣经济、交流文化、发展科技等方面发挥了不可替代的作用。

此外，大运河作为漕运重要通道，是南北交通的大动脉，曾有"半天下之财赋，并山泽之百货，悉由此路而进"的巨大作用，在航运、灌溉、防洪排涝、居民用水、水产养殖、旅游资源等诸多方面为人们带来了便利，给予了人们多方面的美好体验。

三、都江堰

都江堰坐落于成都平原西部的岷江上，始建于秦昭王末年，是蜀郡太守李冰父子组织修建的大型水利工程，于2000年被联合国教科文组织列入世界文化遗产名录。两千多年来，都江堰一直发挥着防洪灌溉的作用，使成都平原成为沃野千里的"天府之国"。

都江堰是世界上迄今为止，年代最久、唯一留存、以无坝引水为特征的宏大水利工程，其主体工程包括宝瓶口引水工程、鱼嘴分水工程和飞沙堰溢洪排沙工程。

1. 宝瓶口引水工程

李冰父子在修建都江堰时，通过实地考察和询问有治水经验的农民，得知治水的关键在于打通玉垒山，让西边的岷江水畅通无阻地流到东边，减少西边的岷江水量，使西边江水不再泛滥，同时缓解东边的干旱。这是治水患的关键环节，也是都江堰工程的第一步。

李冰召集民工决心凿穿玉垒山，由于当时火药尚未发明，便用火烧石，使山石因为高温而爆裂，炸开了一个山口，因其外形似瓶口，故称"宝瓶口"（见图7-53）。

图7-53　宝瓶口

2. 鱼嘴分水工程

鱼嘴是在岷江中修筑的分水堰，它将江水一分为二。由于分水堰前端的形状像一条鱼的头部，所以被称为"鱼嘴"（见图7-54）。鱼嘴的作用是将奔流的江水分为内外两江：西边称为"外江"，沿岷江顺流而下；东边称为"内江"，流入宝瓶口。内江窄而深，用于灌溉；外江宽而浅，用于排洪。

图7-54　鱼嘴

鱼嘴的设置极为巧妙，它不但利用地形、地势完成了分流引水的任务，而且在洪水或枯水季节的不同水位条件下，能起到自动调节水量的作用。

3. 飞沙堰溢洪排沙工程

飞沙堰（见图7-55）是泄洪道，具有泄洪排沙的功能，是确保成都平原不受水患侵害的关键。飞沙堰的一大作用是控制宝瓶口的水量，当宝瓶口的水量过多时会自行从飞沙堰溢出，若遇到大洪水，飞沙堰还会自动溃堤，让大量江水流回岷江主流。飞沙堰的另一作用是"飞沙"，自岷江上游急驰而来的大量泥沙、石块，在飞沙堰由于受到离心力而抛入外江，以此确保了内江通畅，避免淤塞宝瓶口。

图7-55 飞沙堰

都江堰是中国古代劳动人民勤劳、勇敢、智慧的结晶，两千多年来，它始终发挥着巨大的作用，滋养着成都平原，为当地民众造福。

四、物流仓储

物流仓储是指利用自建或租赁的库房、场地，来储存、保管、装卸、搬运及配送货物，是现代物流系统中的关键环节。高效合理的仓储可以加快产品流通速度，降低成本，保障生产顺利进行，同时实现对资源的有效利用。

在现代智能物流仓储系统中，已经发展出了丰富多样的设备，同时针对不同的仓储要求在场地搭建方面形成了各种布局。接下来，就让我们一起看一看物流仓储系统中体现了哪些类型的美。

1. 圆形之美

机械臂是基于人工智能、深度学习、图像识别等先进技术创造出来的高精度复杂系统，因其操作的灵活性和精确性而被广泛应用于多个行业领域。针对物流仓储商品拣选出库环节的需求，部分物流仓储基地将自动化机械臂与传统货架相结合，以机械臂为圆心、臂展为半径组成圆形货架，形成圆形的订单拣选系统（见图7-56），来替代传统的人工拣选，解决搬运商品损耗多、人工拣选效率低、拣选错误率高等痛点，大大提高了商品拣选的效率和准确率。

图7-56 圆形订单拣选系统

2. 环形之美

交叉带式分拣系统（见图7-57）是大型电商物流仓储中心十分常见的一种拣选系统。这种系统由环形的主驱动带式输送机和载有小型带式输送机的台车（简称"小车"）连接组成，当"小车"运行到指定位置时，通过转动驱动带可以把商品分拣送出。

由于交叉带分拣机不受物品重量、尺寸以及摩擦系数的影响，因此其具有处理范围广、分拣速度快、吞吐量大等特点，非常适合需要在短时间内完成大量分拣订单的任务。

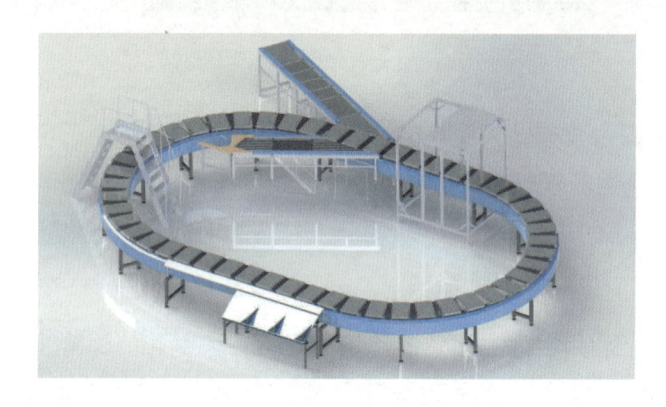

图7-57 交叉带式分拣系统

3. 三角形之美

A字拣选系统（见图7-58）是自动化物流仓储系统里最典型的三角形结构系统。在系统左右两侧由补货槽组成的三角形结构里，存放着需要拣选的物料单元，系统根据当前订单将对应货槽里正确数量的物品通过底部机械结构送入揽货输送皮带上，最终将其收集到对应的料箱里。其广泛应用于化妆品、医药、烟草、办公用品等小型包装的物流订单拣选，具有操作简单、占地面积小、吞吐量大等特点。

图7-58 A字拣选系统

4. 螺旋形之美

螺旋输送机（见图7-59）是制造业工厂中常见的一种物料搬运设备，其工作原理是利用电机带动螺旋叶片旋转，从而移动物料实现物料输送的目的。这种输送机既拥有普通输送机转移物料的功能，又能将物料在不同的高度上进行搬运。此外，由于螺旋输送机旋转行走的回路较长，因此也可以起到缓存物料的效果。

图7-59　螺旋输送机

5．规范之美

自动化立体仓库（见图7-60）是当前智能物流仓储系统里技术水平较高的物料存储设备。其主体由货架、巷道式堆垛起重机、入（出）库工作台和自动运进（出）操作控制系统组成。利用自动化立体仓库设备可以实现仓库高层合理化、存取自动化、操作简便化，能有效利用占地面积，提高物料的存储率。

图7-60　自动化立体仓库

6．协作之美

近几年来，机器人制造巨头们陆续推出了多款人机协作机器人（见图7-61）。这种协作机器人将人类独有的应变能力与机器人能不知疲倦地完成精密、重复性任务的耐力相结合，通过高精度的控制和交互信息的迅速反馈，开创了人类与机器人安全、高效并肩工作的新纪元，对于助力物流仓储效率和精准处理货品具有重要价值。

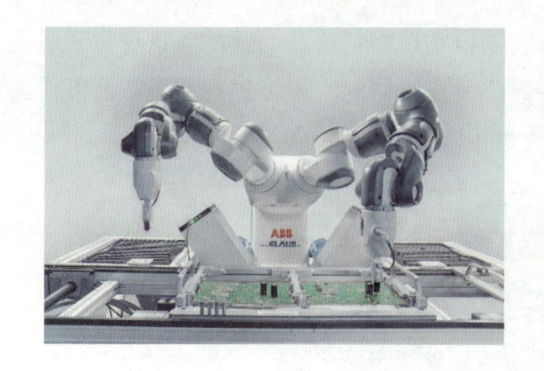

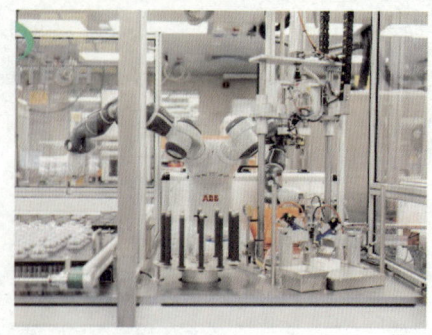

图7-61　人机协作机器人

7. 规模之美

近几年来，随着电商规模越来越大，人们对配送速度的要求也越来越高。为此，许多物流仓储中心陆续推出了大型无人仓，同时加大投入了各种仓储运送及拣选机器人（见图7-62）。为了达到最高的效率，配送中心通常会配置上百台不同种类的机器人同时作业。这种对于机器人的大规模应用，完全颠覆了之前人工拣选的工作流程，使电商的拣选效率发生了质的飞跃。

图7-62　物流仓储机器人

美的欣赏

西汉时期，中国已经出现了麻纸，但麻纸成本高、质量差，所以未能大规模普及。到了东汉，蔡伦在原有造纸工艺基础上作了改进，利用树皮、麻头、敝布、渔网等原料，采用挫、捣、炒、烘等工艺，制造出一种新的纸。为纪念蔡伦的功绩，人们将这种纸称为"蔡侯纸"。

"蔡侯纸"原料来源广泛，价格便宜，质量好，一经问世，便得到广泛的认可与应用。它改变了中国人的书写方式，为中华文化的传播与发展做出了重大贡献。

蔡伦造纸时，形成了一套比较完整的造纸流程，其大致分为四步：第一步是原料分离，即用沤浸或蒸煮的方法让原料在碱液中脱胶，并分散成纤维状（见图7-63）；第二步是打浆，即用切割和捶捣的方法切断纤维，并使纤维帚化而成为纸浆；第三步是捞浆，即把纸浆加水制成浆液，再用捞浆器捞出，使浆液在捞浆器中形成薄片状的纸；第四步是干燥（见图7-64），即把湿纸晒干或晾干，揭下即成为完好的纸张。

图7-63　纤维

图7-64　晾干纸浆

自蔡伦改进造纸术后，造纸工艺得到了不断的完善和改进，纸的种类层出不穷，花样繁多，但造纸方法基本上都沿用了蔡伦造纸的四个步骤。时至今日，造纸工艺和两千多年前的造纸术依然没有太大差别。

美的 体验

《如果国宝会说话》是中央电视台纪录频道制作的百集纪录片，该片将每一件国宝文物的前世今生浓缩在5分钟的视频里，着重讲述国宝背后鲜为人知的传奇故事和曲折经历，在引人入胜、跌宕起伏的故事中，寻找中华魂魄，宣扬中国精神，传承中华文化。

如果中国发明会说话，那它会说什么？请参考《如果国宝会说话》，在提花机、大运河、都江堰和现代物流仓储系统中任选其一，为其制作一段不少于5分钟的视频短片。要求图文并茂，有解说词和音乐背景。

同 步 实 训

科普讲解：让科学"声"入人心

实训导入

2021年9月7日，全国科普讲解大赛在广东科学中心圆满落下帷幕。大赛选题多元丰富，"天问一号"（见图7-65）的秘密、太空中的卫星互联网（见图7-66）、消防

员的超级防护服、青海的藏狐、宁夏的草、韶关的稻子、月球的土、肠道里的细菌、皮肤上的黑客……来自全国各地的参赛选手们通过一个个生动、有趣的讲解，为公众呈现了一场集科学、艺术、技能为一体，展示、交流、创新相融合的"科普盛宴"，拉近了大众与科学的距离。

科普是指利用各种传媒以浅显的、通俗易懂的方式，让公众接受自然科学和社会科学知识、推广科学技术的应用、倡导科学方法、传播科学思想、弘扬科学精神的活动。当你走进科技馆，面对成千上万的科学发现和技术发明，可能会看得云里雾里，但如果有了科普讲解员，你就能了解更多展品背后的故事及意义。在科普讲解员口中，科学不再是一个个深奥晦涩的名词，而是我们生活中看得到、摸得着的点滴细节。他们把科学知识准确生动地传输给观众，让人们对科学产生立体、愉悦的认知，有助于提高大众理解科学、欣赏科学的能力，以及参与科学的积极性。

接下来，请以小组为单位，选择你感兴趣的一项科学发现或技术发明，通过查阅、整理资料，深入探究该项科技的相关细节及背后的故事，并为其撰写讲解词，用最通俗易懂的语言把它介绍给大家，带领大家一起充分领略和感受科技发展的蓬勃力量。

图7-65 "天问一号"成功发射　　　　图7-66 卫星天线

实训要求

本次实训具体有以下要求。

（1）讲解时间：5分钟左右。

（2）讲解选题：紧扣主题，内容充实，立意新颖，能够展现科技之美。

（3）内容陈述：科学准确，重点突出；层次清楚，逻辑清晰；通俗易懂，深入浅出。

（4）语言表达：声音洪亮，发音标准，吐字清晰；语言生动，语速适中，声情并茂。

实训步骤

1. 自由分组，合理分配任务

学生自由分组，4～6人为一组，并填写"任务分配表"，见表7-1所列。

表7-1　任务分配表

班级		组号		指导教师	
小组成员	姓名		学号	任务分工	
组长					
组员					

2. 确定讲解对象

选择一项科学发现或技术发明作为讲解对象。建议选择具有典型性、资料丰富、能从多个角度进行解读且关注度高的科技发明。

3. 深入调查研究

通过查找相关资料了解该项科学发现或技术发明的背景、发展历程、意义和价值等，并对资料进行分析、整理，见表7-2所列。

表7-2　讲解资料

讲解对象	
简介	
背景	
发展历程	

（续表）

意义及价值	
补充	

4．撰写讲解词

讲解词应通俗易懂、深入浅出，同时要解释清楚涉及的专有名词，以使听众理解。

5．讲解

各小组分别派代表进行讲解。可以借助PPT或视频等多媒体手段辅助讲解，也可以结合讲解主题辅以简单道具进行演示，以强化讲解效果。

实训评价

请教师对学生在本次实训过程中的表现与实训完成情况进行评价，见表7-3所列。

表7-3　评分表

考核内容	评分标准	分值	得分
知识与技能（70%）	内容健康积极，贴合"科技美"的主题	15	
	资料充实、准确，能多角度进行解读	15	
	讲解词通俗易懂、深入浅出	15	
	结构合理，逻辑清晰，语言连贯	15	
	讲解时声音洪亮、发音标准、吐字清晰	10	
德育素养（30%）	积极培养自己欣赏科技美的能力	10	
	积极探索，挖掘科技美的深层内涵	10	
	具有良好的团队精神和团队协作能力	10	
总评	优□　良□　中□　及格□　不及格□	总分	

备注：总体评价中，90～100分为"优"，80～89分为"良"，70～79分为"中"，60～69分为"及格"，60分以下为"不及格"。

成果检测

请结合本单元的学习情况和实训的完成情况,对本单元的学习成果进行自评、互评,并请教师进行总体评价,见表7-4所列。

表7-4 成果评价表

班级		组号		日期			
姓名		学号		指导教师			
单元名称		智慧的火花:科技美					
评价内容	评价标准			分值	评价得分		
					自评	互评	师评
知识与技能(40%)	能够正确阐述中国传统天文历法、古代算术、中医以及现代数字交通中科技美的具体体现			10			
	能够正确阐述中国古代牛耕技术、陶器轮制技术、活字印刷技术、航海技术的发展历程			10			
	能够讲解提花机、大运河、都江堰、物流仓储的基础知识			10			
	能够结合生活实例,阐述科学美、技术美、效能美的具体表现			10			
过程与方法(30%)	课前认真预习,形成对科技美的初步印象			5			
	积极搜集生活中你认为能体现科技美的实例及音视频等资料			10			
	积极参与课堂互动,高效完成课下活动和同步实训			10			
	课后及时总结并复习			5			
综合素养(30%)	在小组讨论及参与实训活动的过程中,能够很好地表达自己的审美感受,培养学科学、爱科学、讲科学、用科学的兴趣			15			
	在实践中,与同学协调配合,具备团队协作能力、人际交往能力和分析解决问题的能力			15			
总评	自评(20%)+互评(20%)+师评(60%)				教师(签名):		

备注:可结合学习目标,采用教师评价、学生自评、学生互评、专家点评等方式对本单元的学习情况进行多元化评价。

素质园地

顾诵芬：蓝天寄深情，为国铸"战鹰"

2021年11月3日，一年一度的国家科学技术奖励大会在北京举行。著名的飞机设计大师、两院院士顾诵芬获得了2020年度国家最高科学技术奖。这是中国科技界的最高荣誉，每年授予人数不超过2名。

顾诵芬作为歼8系列战斗机的主要设计师，开创了我国自主研发歼8战斗机的先河，被誉为"歼8之父"。事实上，他的故事远不止一架飞机，他用一生的时间践行着航空救国、航空报国、航空强国的伟大使命（见图7-67）。

图7-67 工作中的顾诵芬

顾诵芬1930年出生于苏州，童年时遭遇日军飞机轰炸的经历使他意识到：中国人必须建造自己的飞机。对飞机的第一印象虽然沉重，但他对飞机的兴趣却越来越浓。以优异成绩毕业于交通大学航空工程专业后，顾诵芬参加工作后接受的第一项挑战是我国首型喷气式飞机——歼教1的气动力设计。由于国外技术封锁，国内没有先例可循。听说北京航空航天大学图书馆有一份相关的国外文献，顾诵芬借了一辆旧自行车，天天晚上到北航查找、抄录资料。

1964年，歼8飞机的研制被提上议程。顾诵芬前期作为副总设计师负责飞机气动力设计，后期作为总设计师全面主持歼8研制工作。歼8系列飞机的研制，牵引构建了较为完善的航空工业体系，促进了冶金、化工、电子等工业的发展，顾诵芬也因此被誉为"飞机气动力设计第一人"。

"咏世德之骏烈，诵先人之清芬"，顾诵芬的名字取自西晋文学家陆机的名句。几十年来，顾诵芬两点一线、来去匆匆，生活简单、朴素低调。如今，这位航空英雄仍然活跃在第一线，关心着祖国航天事业的发展。

参考文献

[1] 王一川. 大学美育[M]. 北京：北京师范大学出版社，2021.

[2] 黄高才. 大学美育[M]. 北京：北京大学出版社，2018.

[3] 张建. 大学美育[M]. 北京：高等教育出版社，2017.

[4] 沙家强. 大学美育十六讲[M]. 北京：高等教育出版社，2019.

[5] 陈沛捷，黄斌斌，吴樱子. 大学美育[M]. 北京：清华大学出版社，2022.

[6] 郑筱筠，黄妮妮，马仲吉. 大学美育教程[M]. 苏州：苏州大学出版社，2021.

[7] 高荆梅，马蕾. 大学美育[M]. 西安：西北工业大学出版社，2017.

[8] 杜卫. 美育学概论[M]. 郑州：河南大学出版社，2013.

[9] 谢金苗. 大学美育[M]. 西安：西安电子科技大学出版社，2022.

[10] 王一川. 美学原理[M]. 2版. 北京：中国人民大学出版社，2021.